U1069158

中华人民共和国
刑事诉讼法

大字学习版

中国法制出版社
CHINA LEGAL PUBLISHING HOUSE

编辑说明

全民普法是全面依法治国的长期基础性工作。为方便广大读者学习法律法规，中国法制出版社全新编写了“法律法规大字学习版”丛书。在确保法律文本准确的基础上，对法条内容进行了必要的编辑加工，体例新颖，内容翔实，以帮助广大读者学习法律法规，真正让法律走到读者身边、走进读者心里。

本丛书的特点如下：

1. 大字醒目。正文法条内容通过双色印刷、大字号、宽行距等精心设计，版式舒朗，阅读顺畅，致力于为读者带来更佳的阅读体验。

2. 双色标注。对法条以双色、星级及波浪线等形式标注，既能有效消除读者对复杂、烦琐法条的畏难心理，又能帮助读者迅速把握法律法规的脉络。

3. 关联注释。在法条下方标注【相关法条】，方便读者查找翻阅关联内容，举一反三，融会贯通；同时对不易理解的法条，通过【注释】【生活小案例】【典型案例】【小测试】等版块设计，从立法背景、内容要义、实践应用等多维度帮助读者理解法条，力求帮助读者学懂弄通会用。

4. 实用图表。立足读者实际需求，以图表形式对所收录的法律法规重点内容进行总结提炼，贴近生活，通俗易懂，帮助读者更加直观地理解核心条款。

5. 电子增补。为了帮助读者随时掌握法律法规的最新动态，本丛书将适时进行电子增补，请读者登录中国法制出版社网站 http：//www.zgfzs.com “资源下载”频道或者关注我社官方微信公众号“中国法制出版社”免费下载。

中国法制出版社

凡　例

简　称	全　称
法律援助法	中华人民共和国法律援助法
国家安全法	中华人民共和国国家安全法
国际刑事司法协助法	中华人民共和国国际刑事司法协助法
海关法	中华人民共和国海关法
监狱法	中华人民共和国监狱法
律师法	中华人民共和国律师法
民族区域自治法	中华人民共和国民族区域自治法
人民法院组织法	中华人民共和国人民法院组织法
人民陪审员法	中华人民共和国人民陪审员法
未成年人保护法	中华人民共和国未成年人保护法
预防未成年人犯罪法	中华人民共和国预防未成年人犯罪法

续表

简　称	全　称
宪法	中华人民共和国宪法
刑法	中华人民共和国刑法
公安部规定	公安机关办理刑事案件程序规定
高法解释	最高人民法院关于适用《中华人民共和国刑事诉讼法》的解释
高检规则	人民检察院刑事诉讼规则
海上刑事案件管辖通知	最高人民法院、最高人民检察院、中国海警局关于海上刑事案件管辖等有关问题的通知
六机关规定	最高人民法院、最高人民检察院、公安部、国家安全部、司法部、全国人民代表大会常务委员会法制工作委员会关于实施刑事诉讼法若干问题的规定
刑事再审案件规定	最高人民法院关于刑事再审案件开庭审理程序的具体规定（试行）

目　　录

中华人民共和国刑事诉讼法

（1979年7月1日第五届全国人民代表大会第二次会议通过　根据1996年3月17日第八届全国人民代表大会第四次会议《关于修改〈中华人民共和国刑事诉讼法〉的决定》第一次修正　根据2012年3月14日第十一届全国人民代表大会第五次会议《关于修改〈中华人民共和国刑事诉讼法〉的决定》第二次修正　根据2018年10月26日第十三届全国人民代表大会常务委员会第六次会议《关于修改〈中华人民共和国刑事诉讼法〉的决定》第三次修正）

第一编 总 则

第一章 任务和基本原则

第一条 【立法宗旨】① 为了保证刑法的正确实施，惩罚犯罪，保护人民，保障国家安全和社会公共安全，维护社会主义社会秩序，根据宪法，制定本法。

★★ **第二条 【本法任务】** 中华人民共和国刑事诉讼法的任务，是保证准确、及时地查明犯罪事实，正确应用法律，惩罚犯罪分子，保障无罪的人不受刑事追究，教育公民自觉遵守法律，积极同犯罪行为作斗争，维护社会主义法制，尊重和保障人权，保护公民的人身权利、财产权利、民主权利和其他权利，保障社会主义建设事业的顺利进行。

① 本书条文主旨为编者所加，下同。

注释

我国刑事诉讼法的根本任务是维护社会主义法制，尊重和保障人权，保护公民人身权利、财产权利、民主权利和其他权利，保障社会主义建设事业的顺利进行。

★★ **第三条　【刑事诉讼专门机关的职权】【严格遵守法律程序原则】**对刑事案件的侦查、拘留、执行逮捕、预审，由公安机关负责。检察、批准逮捕、检察机关直接受理的案件的侦查、提起公诉，由人民检察院负责。审判由人民法院负责。除法律特别规定的以外，其他任何机关、团体和个人都无权行使这些权力。

人民法院、人民检察院和公安机关进行刑事诉讼，必须严格遵守本法和其他法律的有关规定。

☞ **相关法条**

《宪法》第128、134条

第四条　【国家安全机关职权】国家安全机关依照法律规定，办理危害国家安全的刑事案件，行使与公安机关相同的职权。

★★ **第五条　【独立行使审判权、检察权】**人民法院依照法律规定独立行使审判权，人民检察院依照法律规定独立行使检察权，不受行政机关、社会团体和个人的干涉。

☞ **相关法条**

《宪法》第131、136条

★★ 第六条 【以事实为依据 以法律为准绳原则】【平等适用法律原则】 人民法院、人民检察院和公安机关进行刑事诉讼，必须依靠群众，必须以事实为根据，以法律为准绳。对于一切公民，在适用法律上一律平等，在法律面前，不允许有任何特权。

注释

我国宪法规定的“中华人民共和国公民在法律面前一律平等”原则，也是刑事诉讼的基本原则之一。刑事诉讼意义上的平等原则有两层含义：一是在刑事诉讼中，任何公民均依法享有一定的诉讼权利并承担相应的法律义务，不允许任何人只享受权利或者只承担义务；二是在办理刑事案件过程中，人民法院、人民检察院和公安机关对所有公民均应适用同样的刑事诉讼原则、制度和程序，任何人犯罪均应依法追究刑事责任，任何无罪之人，均不受刑事追究。需注意的是，在法律范围内的有条件的区别对待并不违反法律面前人人平等原则，如对未成年人适用特别程序、对特定人适用缺席审判程序等，但这种区别对待，必须根据案件的具体情况，严格依照法律规定进行。

第七条　【分工负责　互相配合　互相监督原则】人民法院、人民检察院和公安机关进行刑事诉讼，应当分工负责，互相配合，互相制约，以保证准确有效地执行法律。

☞ **相关法条**

《宪法》第 140 条

第八条　【检察院法律监督原则】人民检察院依法对刑事诉讼实行法律监督。

☞ **相关法条**

《高检规则》第 13 章

★ **第九条　【使用本民族语言文字原则】**各民族公民都有用本民族语言文字进行诉讼的权利。人民法院、人民检察院和公安机关对于不通晓当地通用的语言文字的诉讼参与人，应当为他们翻译。

在少数民族聚居或者多民族杂居的地区，应当用当地通用的语言进行审讯，用当地通用的文字发布判决书、布告和其他文件。

☞ **相关法条**

《宪法》第 139 条

《民族区域自治法》第 47 条

★★ **第十条　【两审终审制】**人民法院审判案件，实行两审终审制。

★★ **第十一条　【审判公开原则】【辩护原则】** 人民法院审判案件，除本法另有规定的以外，一律公开进行。被告人有权获得辩护，人民法院有义务保证被告人获得辩护。

注释

《宪法》第130条规定，被告人有权获得辩护。犯罪嫌疑人、被告人有权获得辩护也是刑事诉讼的基本原则之一。所谓辩护，是指在刑事诉讼中犯罪嫌疑人、被告人及其辩护人从事实和法律上反驳控诉，提出有利于犯罪嫌疑人、被告人的材料和意见的诉讼活动。犯罪嫌疑人、被告人在刑事诉讼中既可以自行辩护，也可以委托辩护；在刑事诉讼的全程均有权辩护，有权获得法律援助。

☞ **相关法条**

《宪法》第130条

本法第188、202、285条

★★ **第十二条　【未经法院判决不得确定有罪原则】** 未经人民法院依法判决，对任何人都不得确定有罪。

★ **第十三条　【人民陪审制度】** 人民法院审判案件，依照本法实行人民陪审员陪审的制度。

☞ **相关法条**

《人民法院组织法》第30、34条

《人民陪审员法》

★ **第十四条 【诉讼权利的保障与救济】** 人民法院、人民检察院和公安机关应当保障犯罪嫌疑人、被告人和其他诉讼参与人依法享有的辩护权和其他诉讼权利。

诉讼参与人对于审判人员、检察人员和侦查人员侵犯公民诉讼权利和人身侮辱的行为，有权提出控告。

★★ **第十五条 【自愿如实供述罪行的从宽处理】** 犯罪嫌疑人、被告人自愿如实供述自己的罪行，承认指控的犯罪事实，愿意接受处罚的，可以依法从宽处理。

注释

对于认罪认罚的犯罪嫌疑人、被告人，可以依法从宽处理。这里的从宽，一方面是指在实体上的从宽。从实体法的规定来说，自首、坦白等都具有认罪的性质，因此，对于具有这些情节的，都应当根据刑法的规定，确定是否需要从宽处罚以及从宽的具体幅度。由于犯罪嫌疑人、被告人认罪认罚，特别是在人民检察院提出量刑建议后，同意人民检察院的量刑建议的，由于其认罪认罚的情节更为突出，在遵循罪责刑相适应原则的基础上，对其从宽的幅度可以比一般的自首、坦白更大一些，以表示对其认罪认罚的鼓励。

另一方面是指程序上的从宽，也就是对认罪认罚的犯罪嫌疑人、被告人适用轻缓的强制措施，作出轻缓的程序性处理，或者适用更为便利的诉讼程序。

☆☆ 第十六条　【不追究刑事责任的法定情形】 有下列情形之一的，不追究刑事责任，已经追究的，应当撤销案件，或者不起诉，或者终止审理，或者宣告无罪：

（一）情节显著轻微、危害不大，不认为是犯罪的；

（二）犯罪已过追诉时效期限的；

（三）经特赦令免除刑罚的；

（四）依照刑法告诉才处理的犯罪，没有告诉或者撤回告诉的；

（五）犯罪嫌疑人、被告人死亡的；

（六）其他法律规定免予追究刑事责任的。

注释

具有上述六种法定情形，不追究刑事责任。具体而言是指：在立案阶段，应当不立案；在侦查阶段，应当撤销案件；在审查起诉阶段，应当作出不起诉决定；在审判阶段，应当根据具体情况裁定终止审理或者判决宣告无罪或者判决宣告不负刑事责任。

☞ **相关法条**

《刑法》第13、37、87、88、98条

本法第177条

第十七条　【外国人刑事责任的追究】对于外国人犯罪应当追究刑事责任的，适用本法的规定。

对于享有外交特权和豁免权的外国人犯罪应当追究刑事责任的，通过外交途径解决。

☞ **相关法条**

《刑法》第11条

第十八条　【刑事司法协助】根据中华人民共和国缔结或者参加的国际条约，或者按照互惠原则，我国司法机关和外国司法机关可以相互请求刑事司法协助。

☞ **相关法条**

《国际刑事司法协助法》

《高法解释》第20章

《高检规则》第16章

第二章　管　　辖

第十九条　【立案管辖】刑事案件的侦查由公安机关进行，法律另有规定的除外。

人民检察院在对诉讼活动实行法律监督中发现的司法工作人员利用职权实施的非法拘禁、刑讯逼供、非法搜查等侵犯公民权利、损害司法公正的犯罪，可以由人民检察院立案侦查。对于公安机关管辖的国家机关工作人员利用职权实施的重大犯罪案件，需要由人民检察院直接受理的时候，经省级以上人民检察院决定，可以由人民检察院立案侦查。

自诉案件，由人民法院直接受理。

☞ 相关法条

本法第308条

《海关法》第4条

《监狱法》第60条

《国家安全法》第42条

《六机关规定》第1条

《高法解释》第1条

★ **第二十条　【基层法院管辖】**基层人民法院管辖第一审普通刑事案件，但是依照本法由上级人民法院管辖的除外。

★★ **第二十一条　【中级法院管辖】**中级人民法院管辖下列第一审刑事案件：

（一）危害国家安全、恐怖活动案件；

（二）可能判处无期徒刑、死刑的案件。

注释

中级人民法院管辖的第一审刑事案件分为两大类：

一是性质特殊，由中级人民法院管辖更为合适的。由中级人民法院管辖的性质特殊的案件包括两类：一类是危害国家安全的案件，共涉及12个罪名。另一类是恐怖活动案件，共涉及7个罪名。

二是可能判处无期徒刑、死刑的案件，由中级人民法院管辖更为慎重的。对这部分案件进行审理的结果可能会无限期地剥夺被告人的自由甚至是剥夺其生命，因此慎重起见，需要采用提高审级的方式来由中级人民法院对这部分案件进行一审。

第二十二条　【高级法院管辖】高级人民法院管辖的第一审刑事案件，是全省（自治区、直辖市）性的重大刑事案件。

第二十三条　【最高法院管辖】最高人民法院管辖的第一审刑事案件，是全国性的重大刑事案件。

第二十四条　【级别管辖变通】上级人民法院在必要的时候，可以审判下级人民法院管辖的第一审刑事案件；下级人民法院认为案情重大、复杂需要由上级人民法院审判的第一审刑事案件，可以请求移送上一级人民法院审判。

☞ **相关法条**

《高法解释》第14~18条

☆☆ **第二十五条　【地区管辖】**刑事案件由犯罪地的人民法院管辖。如果由被告人居住地的人民法院审判更为适宜的，可以由被告人居住地的人民法院管辖。

注释

一般情况下，刑事案件由犯罪地人民法院管辖。犯罪地包括犯罪行为发生地和犯罪结果发生地。

☞ **相关法条**

《六机关规定》第2条

《高法解释》第2~13条

第二十六条　【优先管辖】【移送管辖】几个同级人民法院都有权管辖的案件，由最初受理的人民法院审判。在必要的时候，可以移送主要犯罪地的人民法院审判。

☞ **相关法条**

《高法解释》第 19 条

第二十七条　【指定管辖】 上级人民法院可以指定下级人民法院审判管辖不明的案件，也可以指定下级人民法院将案件移送其他人民法院审判。

☞ **相关法条**

《高法解释》第 20~23 条

第二十八条　【专门管辖】 专门人民法院案件的管辖另行规定。

☞ **相关法条**

《高法解释》第 26 条

第三章　回　　避

☆☆ **第二十九条　【回避的法定情形】** 审判人员、检察人员、侦查人员有下列情形之一的，应当自行回避，当事人及其法定代理人也有权要求他们回避：

（一）是本案的当事人或者是当事人的近亲属的；

（二）本人或者他的近亲属和本案有利害关系的；

（三）担任过本案的证人、鉴定人、辩护人、诉讼代理人的；

（四）与本案当事人有其他关系，可能影响公正处理案件的。

注释

与本案当事人有其他关系，可能影响公正处理案件的是适用回避的理由之一。如果审判人员、检察人员、侦查人员等与本案当事人并非近亲属，但却具有其他关系，且这种关系可能影响其公正处理案件，那么其也应当予以回避。这是一条兜底条款。判断相关人员应否回避的标准不是关系的类型，而是该关系是否可能影响其公正处理案件，由有权作出回避决定的人员来判断。

☞ **相关法条**

《高法解释》第27、29~31条

第三十条　【办案人员违反禁止行为的回避】审判人员、检察人员、侦查人员不得接受当事人及其委托的人的请客送礼，不得违反规定会见当事人及其委托的人。

审判人员、检察人员、侦查人员违反前款规定的，应当依法追究法律责任。当事人及其法定代理人有权要求他们回避。

☞ **相关法条**

《高法解释》第28、33条

《高检规则》第27、36条

《公安部规定》第33条

第三十一条　【决定回避的程序】审判人员、检察人员、侦查人员的回避，应当分别由院长、检察长、公安机关负责人决定；院长的回避，由本院审判委员会决定；检察长和公安机关负责人的回避，由同级人民检察院检察委员会决定。

对侦查人员的回避作出决定前，侦查人员不能停止对案件的侦查。

对驳回申请回避的决定，当事人及其法定代理人可以申请复议一次。

☞ **相关法条**

《高法解释》第32、34~37条

《高检规则》第24~26、29~34条

《公安部规定》第35~37条

★★ **第三十二条　【回避制度的准用规定】**本章关于回避的规定适用于书记员、翻译人员和鉴定人。

辩护人、诉讼代理人可以依照本章的规定要求回避、申请复议。

☞ **相关法条**

《高法解释》第38、39条

《高检规则》第37条

《公安部规定》第40、41条

第四章　辩护与代理

☆☆ 第三十三条　【辩护的种类】【辩护人的人数与范围】 犯罪嫌疑人、被告人除自己行使辩护权以外，还可以委托一至二人作为辩护人。下列的人可以被委托为辩护人：

（一）律师；

（二）人民团体或者犯罪嫌疑人、被告人所在单位推荐的人；

（三）犯罪嫌疑人、被告人的监护人、亲友。

正在被执行刑罚或者依法被剥夺、限制人身自由的人，不得担任辩护人。

被开除公职和被吊销律师、公证员执业证书的人，不得担任辩护人，但系犯罪嫌疑人、被告人的监护人、近亲属的除外。

☞ **相关法条**

《律师法》第 41 条

《六机关规定》第 4 条

《高法解释》第 40~43 条

☆☆ **第三十四条 【委托辩护的时间】【辩护告知】** 犯罪嫌疑人自被侦查机关第一次讯问或者采取强制措施之日起，有权委托辩护人；在侦查期间，只能委托律师作为辩护人。被告人有权随时委托辩护人。

侦查机关在第一次讯问犯罪嫌疑人或者对犯罪嫌疑人采取强制措施的时候，应当告知犯罪嫌疑人有权委托辩护人。人民检察院自收到移送审查起诉的案件材料之日起三日以内，应当告知犯罪嫌疑人有权委托辩护人。人民法院自受理案件之日起三日以内，应当告知被告人有权委托辩护人。犯罪嫌疑人、被告人在押期间要求委托辩护人的，人民法院、人民检察院和公安机关应当及时转达其要求。

犯罪嫌疑人、被告人在押的，也可以由其监护人、近亲属代为委托辩护人。

辩护人接受犯罪嫌疑人、被告人委托后，应当及时告知办理案件的机关。

☞ **相关法条**

本法第46条

《高法解释》第44、45条

《高检规则》第41条

《公安部规定》第43~45条

生活小案例

犯罪嫌疑人张某因上网费用问题与网吧老板发生争吵，遂怀恨在心，伺机报复。当晚，张某将准备好的汽油洒在网吧的木质大门、窗户上，用打火机点燃，结果造成6人死亡、17人受伤。市公安局立即组织侦查人员对案件进行侦查，经检察院批准对张某执行了逮捕。张某的父亲请求会见张某并为其聘请律师，被侦查人员以侦查阶段无权委托辩护人为由予以拒绝。问：本案中公安机关的行为有无不当之处，并说明理由。

答：侦查人员不应以侦查阶段无权委托辩护人为由拒绝犯罪嫌疑人张某的父亲为其聘请律师的要求。犯罪嫌疑人在被侦查机关第一次讯问或者采取强制措施之日起，有权聘请律师提供法律帮助。

☆☆ **第三十五条　【法律援助机构指派辩护】** 犯罪嫌疑人、被告人因经济困难或者其他原因没有委托辩护人的，本人及其近亲属可以向法律援助机构提出申请。对符合法律援助条件的，法律援助机构应当指派律师为其提供辩护。

犯罪嫌疑人、被告人是盲、聋、哑人，或者是尚未完全丧失辨认或者控制自己行为能力的精神病人，没有委托辩护人的，人民法院、人民检察院和公安机关应当通知法律援助机构指派律师为其提供辩护。

犯罪嫌疑人、被告人可能被判处无期徒刑、死刑，没有委托辩护人的，人民法院、人民检察院和公安机关应当通知法律援助机构指派律师为其提供辩护。

注释

《法律援助法》第25条规定，刑事案件的犯罪嫌疑人、被告人属于下列人员之一，没有委托辩护人的，人民法院、人民检察院、公安机关应当通知法律援助机构指派律师担任辩护人：（1）未成年人；（2）视力、听力、言语残疾人；（3）不能完全辨认自己行为的成年人；（4）可能被判处无期徒刑、死刑的人；（5）申请法律援助的死刑复核案件被告人；（6）缺席审判案件的被告人；（7）法律法规规定的其他人员。其他适用普通程序审理的刑事案件，被告人没有委托辩护人的，人民法院可以通知法律援助机构指派律师担任辩护人。

☞ **相关法条**

《六机关规定》第 5 条

《高法解释》第 46~52 条

《高检规则》第 40、42 条

《法律援助法》第 25、26 条

☆☆ **第三十六条　【值班律师】**法律援助机构可以在人民法院、看守所等场所派驻值班律师。犯罪嫌疑人、被告人没有委托辩护人，法律援助机构没有指派律师为其提供辩护的，由值班律师为犯罪嫌疑人、被告人提供法律咨询、程序选择建议、申请变更强制措施、对案件处理提出意见等法律帮助。

人民法院、人民检察院、看守所应当告知犯罪嫌疑人、被告人有权约见值班律师，并为犯罪嫌疑人、被告人约见值班律师提供便利。

☆☆ **第三十七条　【辩护人的责任】**辩护人的责任是根据事实和法律，提出犯罪嫌疑人、被告人无罪、罪轻或者减轻、免除其刑事责任的材料和意见，维护犯罪嫌疑人、被告人的诉讼权利和其他合法权益。

☞ **相关法条**

《律师法》第 31 条

☆☆ **第三十八条　【侦查期间的辩护】**辩护律师在侦

查期间可以为犯罪嫌疑人提供法律帮助；代理申诉、控告；申请变更强制措施；向侦查机关了解犯罪嫌疑人涉嫌的罪名和案件有关情况，提出意见。

☞ **相关法条**

《六机关规定》第6条

☆☆ **第三十九条 【辩护人的会见权与通信权】** 辩护律师可以同在押的犯罪嫌疑人、被告人会见和通信。其他辩护人经人民法院、人民检察院许可，也可以同在押的犯罪嫌疑人、被告人会见和通信。

辩护律师持律师执业证书、律师事务所证明和委托书或者法律援助公函要求会见在押的犯罪嫌疑人、被告人的，看守所应当及时安排会见，至迟不得超过四十八小时。

危害国家安全犯罪、恐怖活动犯罪案件，在侦查期间辩护律师会见在押的犯罪嫌疑人，应当经侦查机关许可。上述案件，侦查机关应当事先通知看守所。

辩护律师会见在押的犯罪嫌疑人、被告人，可以了解案件有关情况，提供法律咨询等；自案件移送审查起诉之日起，可以向犯罪嫌疑人、被告人核实有关证据。辩护律师会见犯罪嫌疑人、被告人时不被监听。

辩护律师同被监视居住的犯罪嫌疑人、被告人会见、通信，适用第一款、第三款、第四款的规定。

注释

与审查起诉和审判阶段相比，辩护律师在侦查阶段会见在押的或被监视居住的犯罪嫌疑人还是要受到一定程度的限制，具体包括：其一，如果是危害国家安全犯罪和恐怖活动犯罪案件，辩护律师在侦查期间要会见在押的或被监视居住的犯罪嫌疑人的，应当经侦查机关许可。犯罪嫌疑人在押的，侦查机关应当事先通知看守所。其二，辩护律师在侦查阶段会见在押的或被监视居住的犯罪嫌疑人，可以了解案件有关情况，提供法律咨询等，但是不能向犯罪嫌疑人核实有关证据。

☞ 相关法条

《律师法》第 33 条

《六机关规定》第 7 条

《高法解释》第 56 条

《高检规则》第 45 条

《公安部规定》第 50~55 条

☆☆ 第四十条　【辩护人查阅、摘抄、复制卷宗材料】 辩护律师自人民检察院对案件审查起诉之日起，可以查阅、摘抄、复制本案的案卷材料。其他辩护人经人民法院、人民检察院许可，也可以查阅、摘抄、复制上述材料。

☞ **相关法条**

《律师法》第 34 条

《高法解释》第 53~55 条

《高检规则》第 47~49 条

☆☆ 第四十一条　【辩护人向办案机关申请调取证据】 辩护人认为在侦查、审查起诉期间公安机关、人民检察院收集的证明犯罪嫌疑人、被告人无罪或者罪轻的证据材料未提交的，有权申请人民检察院、人民法院调取。

☞ **相关法条**

《高法解释》第 57 条

《高检规则》第 50 条

☆ 第四十二条　【辩护人向办案机关告知证据】 辩护人收集的有关犯罪嫌疑人不在犯罪现场、未达到刑事责任年龄、属于依法不负刑事责任的精神病人的证据，应当及时告知公安机关、人民检察院。

☞ **相关法条**

《高检规则》第 51 条

☆☆ **第四十三条　【辩护律师收集材料】【辩护律师申请取证及证人出庭】**辩护律师经证人或者其他有关单位和个人同意，可以向他们收集与本案有关的材料，也可以申请人民检察院、人民法院收集、调取证据，或者申请人民法院通知证人出庭作证。

辩护律师经人民检察院或者人民法院许可，并且经被害人或者其近亲属、被害人提供的证人同意，可以向他们收集与本案有关的材料。

☞ **相关法条**

《律师法》第 35 条

《六机关规定》第 8 条

《高法解释》第 58~61 条

《高检规则》第 52、53 条

☆☆ **第四十四条　【辩护人行为禁止】【追究辩护人刑事责任的特别规定】**辩护人或者其他任何人，不得帮助犯罪嫌疑人、被告人隐匿、毁灭、伪造证据或者串供，不得威胁、引诱证人作伪证以及进行其他干扰司法机关诉讼活动的行为。

违反前款规定的，应当依法追究法律责任，辩护人涉嫌犯罪的，应当由办理辩护人所承办案件的侦查机关以外的侦查机关办理。辩护人是律师的，应当及时通知其所在的律师事务所或者所属的律师协会。

☞ **相关法条**

《律师法》第 37 条

《六机关规定》第 9 条

《高检规则》第 60 条

☆☆ **第四十五条　【被告人拒绝辩护】** 在审判过程中，被告人可以拒绝辩护人继续为他辩护，也可以另行委托辩护人辩护。

☞ **相关法条**

《律师法》第 32 条

《高检规则》第 44 条

☆☆ **第四十六条　【诉讼代理】** 公诉案件的被害人及其法定代理人或者近亲属，附带民事诉讼的当事人及其法定代理人，自案件移送审查起诉之日起，有权委托诉讼代理人。自诉案件的自诉人及其法定代理人，附带民事诉讼的当事人及其法定代理人，有权随时委托诉讼代理人。

人民检察院自收到移送审查起诉的案件材料之日起三日以内，应当告知被害人及其法定代理人或者其近亲属、附带民事诉讼的当事人及其法定代理人有权委托诉讼代理人。人民法院自受理自诉案件之日起三日以内，应当告知自诉人及其法定代理人、附带民事诉讼的当事人及其法定代理人有权委托诉讼代理人。

注释

公诉案件存在审前程序，相关主体有权委托诉讼代理人的时间是自案件移送审查起诉之日起；自诉案件不存在审前程序，直接进入审判阶段，因此相关主体有权随时委托诉讼代理人。委托诉讼代理人的相关规定跟委托辩护人的相关规定是基本对应的，唯一的区别在于，犯罪嫌疑人在侦查阶段即有权委托辩护律师，公诉案件被害人等则是自案件移送审查起诉之日才有权委托诉讼代理人。

☞ **相关法条**

《高法解释》第62~68条

《高检规则》第55条

第四十七条　【委托诉讼代理人】 委托诉讼代理人，参照本法第三十三条的规定执行。

☞ **相关法条**

《高法解释》第63~66条

☆☆ **第四十八条　【辩护律师执业保密及例外】** 辩护律师对在执业活动中知悉的委托人的有关情况和信息，有权予以保密。但是，辩护律师在执业活动中知悉委托人或者其他人，准备或者正在实施危害国家安全、公共安全以及严重危害他人人身安全的犯罪的，应当及时告知司法机关。

☞ **相关法条**

《律师法》第 38 条

《高法解释》第 67 条

《高检规则》第 59 条

★★ **第四十九条　【妨碍辩护人、诉讼代理人行使诉讼权利的救济】** 辩护人、诉讼代理人认为公安机关、人民检察院、人民法院及其工作人员阻碍其依法行使诉讼权利的，有权向同级或者上一级人民检察院申诉或者控告。人民检察院对申诉或者控告应当及时进行审查，情况属实的，通知有关机关予以纠正。

☞ **相关法条**

《六机关规定》第 10 条

第五章　证　　据

★★★ **第五十条　【证据的含义及法定种类】** 可以用于证明案件事实的材料，都是证据。

证据包括：

（一）物证；

（二）书证；

（三）证人证言；

（四）被害人陈述；

（五）犯罪嫌疑人、被告人供述和辩解；

（六）鉴定意见；

（七）勘验、检查、辨认、侦查实验等笔录；

（八）视听资料、电子数据。

证据必须经过查证属实，才能作为定案的根据。

注释

注意区分物证与书证：物证是以其外部特征、存在场所和物质属性证明案件事实的实物和痕迹；书证是以文字、符号、图画等记载的内容和表达的思想来证明案件事实的书面文件和其他物品。

相关法条

《高法解释》第 71、82~98、102~115 条

《公安部规定》第 59 条

第五十一条 【举证责任】公诉案件中被告人有罪的举证责任由人民检察院承担，自诉案件中被告人有罪的举证责任由自诉人承担。

注 释

从当事人角度来看，公诉人和自诉人要承担提供证据阐明和论证被告人有罪，直至说服法官认定被告人有罪的责任，而要说服法官认定被告人有罪所要达到的标准也即证明标准。换句话说，如果公诉人或自诉人不能提供证据或者所提供的证据达不到证明标准，那么法官就不能采信其关于被告人有罪的主张，也即就要判决被告人无罪。而从法官行使裁判职权的角度来看，如果其无法确定被告人是否有罪，也即被告人是否有罪的事实真伪不明，那么就应推定承担举证责任的那方当事人，也即公诉人或自诉人的主张不成立，也即同样是判决被告人无罪。由此可见，将被告人有罪的举证责任分配给人民检察院或自诉人承担，正是无罪推定原则的体现与要求。

☞ **相关法条**

《高法解释》第 72 条

《高检规则》第 61 条

☆☆ **第五十二条　【依法收集证据】【不得强迫任何人自证其罪】** 审判人员、检察人员、侦查人员必须依照法定程序，收集能够证实犯罪嫌疑人、被告人有罪或者无罪、犯罪情节轻重的各种证据。严禁刑讯逼供和以威胁、引诱、欺骗以及其他非法方法收集证据，不得强迫任何人证实自己有罪。必须保证一切与案件有关或者了解案情的公民，有客观地充分地提供证据的条件，除特殊情况外，可以吸收他们协助调查。

☞ **相关法条**

《高检规则》第66、176条

《公安部规定》第60、71条

第五十三条　【办案机关法律文书的证据要求】公安机关提请批准逮捕书、人民检察院起诉书、人民法院判决书，必须忠实于事实真象。故意隐瞒事实真象的，应当追究责任。

★★ **第五十四条　【向单位和个人收集、调取证据】【行政执法办案证据的使用】【证据保密】【伪造、隐匿、毁灭证据的责任】**人民法院、人民检察院和公安机关有权向有关单位和个人收集、调取证据。有关单位和个人应当如实提供证据。

行政机关在行政执法和查办案件过程中收集的物证、书证、视听资料、电子数据等证据材料，在刑事诉讼中可以作为证据使用。

对涉及国家秘密、商业秘密、个人隐私的证据，应当保密。

凡是伪造证据、隐匿证据或者毁灭证据的，无论属于何方，必须受法律追究。

☞ **相关法条**

《高法解释》第75条

☆☆ 第五十五条 【重证据、不轻信口供】【证据确实、充分的法定条件】 对一切案件的判处都要重证据，重调查研究，不轻信口供。只有被告人供述，没有其他证据的，不能认定被告人有罪和处以刑罚；没有被告人供述，证据确实、充分的，可以认定被告人有罪和处以刑罚。

证据确实、充分，应当符合以下条件：

（一）定罪量刑的事实都有证据证明；

（二）据以定案的证据均经法定程序查证属实；

（三）综合全案证据，对所认定事实已排除合理怀疑。

注释

口供是法定的证据种类之一。一方面，由于犯罪嫌疑人、被告人最了解其是否实施了犯罪行为及实施犯罪行为的具体情况乃至细节，因此口供往往具有非常重要的证明价值。但是另一方面，由于犯罪嫌疑人、被告人与案件具有直接的利害关系，又处于被调查的弱势地位，既容易受自身利益导向的影响，又容易受外界压力的影响，因此口供又往往可能是虚假的。因此，对一切案件的处理与判断都要综合考虑全案的证据，缜密地调查研究，而不能轻信口供。

☞ **相关法条**

《高法解释》第 139~146 条

《高检规则》第 63 条

第五十六条　【非法证据排除】采用刑讯逼供等非法方法收集的犯罪嫌疑人、被告人供述和采用暴力、威胁等非法方法收集的证人证言、被害人陈述，应当予以排除。收集物证、书证不符合法定程序，可能严重影响司法公正的，应当予以补正或者作出合理解释；不能补正或者作出合理解释的，对该证据应当予以排除。

在侦查、审查起诉、审判时发现有应当排除的证据的，应当依法予以排除，不得作为起诉意见、起诉决定和判决的依据。

注释

通过以下非法方法所获得的犯罪嫌疑人、被告人供述均应排除：(1) 采取殴打、违法使用戒具等暴力方法或者变相肉刑的恶劣手段，使犯罪嫌疑人、被告人遭受难以忍受的痛苦而违背意愿作出的供述；（2）采用以暴力或者严重损害本人及其近亲属合法权益等进行威胁的方法，使犯罪嫌疑人、被告人遭受难以忍受的痛苦而违背意愿作出的供述；（3）采用非法拘禁等非法限制人身自由的方法收集的犯罪嫌疑人、被告人供述。

☞ **相关法条**

《高检规则》第70、71条

《公安部规定》第71、72条

★ **第五十七条　【检察院对非法收集证据的法律监督】** 人民检察院接到报案、控告、举报或者发现侦查人员以非法方法收集证据的，应当进行调查核实。对于确有以非法方法收集证据情形的，应当提出纠正意见；构成犯罪的，依法追究刑事责任。

☞ **相关法条**

《高检规则》第72条

★★ **第五十八条　【对证据收集合法性的法庭调查】【申请排除非法证据】** 法庭审理过程中，审判人员认为可能存在本法第五十六条规定的以非法方法收集证据情形的，应当对证据收集的合法性进行法庭调查。

当事人及其辩护人、诉讼代理人有权申请人民法院对以非法方法收集的证据依法予以排除。申请排除以非法方法收集的证据的，应当提供相关线索或者材料。

☞ **相关法条**

《六机关规定》第11条

☆☆ **第五十九条　【对证据收集合法性的证明】** 在对证据收集的合法性进行法庭调查的过程中，人民检察院应当对证据收集的合法性加以证明。

现有证据材料不能证明证据收集的合法性的，人民检察院可以提请人民法院通知有关侦查人员或者其他人员出庭说明情况；人民法院可以通知有关侦查人员或者其他人员出庭说明情况。有关侦查人员或者其他人员也可以要求出庭说明情况。经人民法院通知，有关人员应当出庭。

★★ **第六十条　【庭审排除非法证据】** 对于经过法庭审理，确认或者不能排除存在本法第五十六条规定的以非法方法收集证据情形的，对有关证据应当予以排除。

☆☆ **第六十一条　【证人证言的质证与查实】【有意作伪证或隐匿罪证的责任】** 证人证言必须在法庭上经

过公诉人、被害人和被告人、辩护人双方质证并且查实以后，才能作为定案的根据。法庭查明证人有意作伪证或者隐匿罪证的时候，应当依法处理。

☆☆ 第六十二条　【证人的范围和作证义务】凡是知道案件情况的人，都有作证的义务。

生理上、精神上有缺陷或者年幼，不能辨别是非、不能正确表达的人，不能作证人。

注释

不具有证人资格的人一般可分为两类：一是因为生理上、精神上有缺陷，不能辨别是非、不能正确表达的人；二是因为年幼，不能辨别是非、不能正确表达的人。值得指出的是，虽然生理上、精神上有缺陷或者年幼，但是不影响其辨别是非和正确表达能力的人，可以成为证人，其所提供的陈述如能为其他证据所印证，可以作为处理案件的根据。

☆ 第六十三条　【证人及其近亲属的安全保障】人民法院、人民检察院和公安机关应当保障证人及其近亲属的安全。

对证人及其近亲属进行威胁、侮辱、殴打或者打击报复，构成犯罪的，依法追究刑事责任；尚不够刑事处罚的，依法给予治安管理处罚。

★★ 第六十四条 【对特定犯罪中有关诉讼参与人及其近亲属人身安全的保护措施】 对于危害国家安全犯罪、恐怖活动犯罪、黑社会性质的组织犯罪、毒品犯罪等案件，证人、鉴定人、被害人因在诉讼中作证，本人或者其近亲属的人身安全面临危险的，人民法院、人民检察院和公安机关应当采取以下一项或者多项保护措施：

（一）不公开真实姓名、住址和工作单位等个人信息；

（二）采取不暴露外貌、真实声音等出庭作证措施；

（三）禁止特定的人员接触证人、鉴定人、被害人及其近亲属；

（四）对人身和住宅采取专门性保护措施；

（五）其他必要的保护措施。

证人、鉴定人、被害人认为因在诉讼中作证，本人或者其近亲属的人身安全面临危险的，可以向人民法院、人民检察院、公安机关请求予以保护。

人民法院、人民检察院、公安机关依法采取保护措施，有关单位和个人应当配合。

注释

一般情况下，与普通犯罪案件相比，本条规定的特殊犯罪中的证人、鉴定人、被害人及其近亲属的人身安全更容易面临危险，因此应当有针对性地加强对这些犯罪中证人保护的力度。但是，也不排除在其他普通犯罪中，对人身安全面临危险的证人、鉴定人、被害人及其近亲属采取上述保护措施。

☞ **相关法条**

《六机关规定》第 12 条

《高检规则》第 79 条

《公安部规定》第 75~77 条

★★ **第六十五条　【证人作证补助与保障】**证人因履行作证义务而支出的交通、住宿、就餐等费用，应当给予补助。证人作证的补助列入司法机关业务经费，由同级政府财政予以保障。

有工作单位的证人作证，所在单位不得克扣或者变相克扣其工资、奖金及其他福利待遇。

第六章　强制措施

★★ **第六十六条　【拘传、取保候审或者监视居住】**人民法院、人民检察院和公安机关根据案件情况，对犯罪嫌疑人、被告人可以拘传、取保候审或者监视居住。

☞ **相关法条**

本法第119条

《高法解释》第147~149条

《高检规则》第81~85条

☆☆ 第六十七条 【取保候审的法定情形与执行】 人民法院、人民检察院和公安机关对有下列情形之一的犯罪嫌疑人、被告人，可以取保候审：

（一）可能判处管制、拘役或者独立适用附加刑的；

（二）可能判处有期徒刑以上刑罚，采取取保候审不致发生社会危险性的；

（三）患有严重疾病、生活不能自理，怀孕或者正在哺乳自己婴儿的妇女，采取取保候审不致发生社会危险性的；

（四）羁押期限届满，案件尚未办结，需要采取取保候审的。

取保候审由公安机关执行。

注释

对于羁押的期限，刑事诉讼法没有专门规定。通常认为，刑事诉讼中的羁押期限包括侦查羁押期限、审查起诉期限和审判期限。犯罪嫌疑人、被告人被羁押的案件，不能在刑事诉讼法规定的侦查羁押期限、审查起诉期限、一审和二审期限内办结的，而又需要继续办理的，可以采取取保候审。

☞ **相关法条**

《高法解释》第 150 条

《高检规则》第 86、87 条

☆ **第六十八条　【取保候审的方式】** 人民法院、人民检察院和公安机关决定对犯罪嫌疑人、被告人取保候审，应当责令犯罪嫌疑人、被告人提出保证人或者交纳保证金。

☞ **相关法条**

《高法解释》第 151 条

《高检规则》第 89、92 条

《公安部规定》第 84 条

☆ **第六十九条　【保证人的法定条件】** 保证人必须符合下列条件：

（一）与本案无牵连；

（二）有能力履行保证义务；

（三）享有政治权利，人身自由未受到限制；

（四）有固定的住处和收入。

注释

应从保证人的自然状态和法律状态判断其是否有履行保证义务的能力。自然状态方面包括：保证人的年龄、健康状态、行动能力等；法律状态包括：保证人的信用、民事行为能力等。自然状态反应保证人对被保证人的约束能力，法律状态反应保证人承担保证不利法律责任的实际能力。

☞ **相关法条**

《高法解释》第152、121条

《高检规则》第90条

☆ **第七十条　【保证人的法定义务】**保证人应当履行以下义务：

（一）监督被保证人遵守本法第七十一条的规定；

（二）发现被保证人可能发生或者已经发生违反本法第七十一条规定的行为的，应当及时向执行机关报告。

被保证人有违反本法第七十一条规定的行为，保证人未履行保证义务的，对保证人处以罚款，构成犯罪的，依法追究刑事责任。

☞ 相关法条

《六机关规定》第 14 条

《高检规则》第 91、99 条

《公安部规定》第 86 条

第七十一条 【被取保候审人应遵守的一般规定和特别规定】【对被取保候审人违反规定的处理】 被取保候审的犯罪嫌疑人、被告人应当遵守以下规定：

（一）未经执行机关批准不得离开所居住的市、县；

（二）住址、工作单位和联系方式发生变动的，在二十四小时以内向执行机关报告；

（三）在传讯的时候及时到案；

（四）不得以任何形式干扰证人作证；

（五）不得毁灭、伪造证据或者串供。

人民法院、人民检察院和公安机关可以根据案件情况，责令被取保候审的犯罪嫌疑人、被告人遵守以下一项或者多项规定：

（一）不得进入特定的场所；

（二）不得与特定的人员会见或者通信；

（三）不得从事特定的活动；

（四）将护照等出入境证件、驾驶证件交执行机关保存。

被取保候审的犯罪嫌疑人、被告人违反前两款规定，已交纳保证金的，没收部分或者全部保证金，并且区别情形，责令犯罪嫌疑人、被告人具结悔过，重新交纳保证金、提出保证人，或者监视居住、予以逮捕。

对违反取保候审规定，需要予以逮捕的，可以对犯罪嫌疑人、被告人先行拘留。

注释

特定的场所，是指与犯罪嫌疑人、被告人实施犯罪的场所类似的或者导致其犯罪的环境相近的区域、场所。所谓特定的人员，是指可能帮助被取保候审的犯罪嫌疑人、被告人实施干扰诉讼顺利进行或者危害社会的人员。所谓特定的活动，是指容易诱发犯罪嫌疑人、被告人违法犯罪的活动或者有碍诉讼的行为。

☞ **相关法条**

《六机关规定》第 13 条

《高法解释》第 158 条

《高检规则》第 94、100、101、103、106 条

第七十二条　【保证金数额的确定与执行】取保候审的决定机关应当综合考虑保证诉讼活动正常进行

的需要，被取保候审人的社会危险性，案件的性质、情节，可能判处刑罚的轻重，被取保候审人的经济状况等情况，确定保证金的数额。

提供保证金的人应当将保证金存入执行机关指定银行的专门账户。

☞ **相关法条**

《高法解释》第153、154条

★★ **第七十三条 【保证金的退还】** 犯罪嫌疑人、被告人在取保候审期间未违反本法第七十一条规定的，取保候审结束的时候，凭解除取保候审的通知或者有关法律文书到银行领取退还的保证金。

☞ **相关法条**

《高法解释》第159条

☆☆ **第七十四条 【监视居住的法定情形与执行】** 人民法院、人民检察院和公安机关对符合逮捕条件，有下列情形之一的犯罪嫌疑人、被告人，可以监视居住：

（一）患有严重疾病、生活不能自理的；

（二）怀孕或者正在哺乳自己婴儿的妇女；

（三）系生活不能自理的人的唯一扶养人；

（四）因为案件的特殊情况或者办理案件的需要，

采取监视居住措施更为适宜的；

（五）羁押期限届满，案件尚未办结，需要采取监视居住措施的。

对符合取保候审条件，但犯罪嫌疑人、被告人不能提出保证人，也不交纳保证金的，可以监视居住。

监视居住由公安机关执行。

☞ 相关法条

《高法解释》第160~162条

《高检规则》第107、141条

第七十五条　【监视居住的执行与监督】 监视居住应当在犯罪嫌疑人、被告人的住处执行；无固定住处的，可以在指定的居所执行。对于涉嫌危害国家安全犯罪、恐怖活动犯罪，在住处执行可能有碍侦查的，经上一级公安机关批准，也可以在指定的居所执行。但是，不得在羁押场所、专门的办案场所执行。

指定居所监视居住的，除无法通知的以外，应当在执行监视居住后二十四小时以内，通知被监视居住人的家属。

被监视居住的犯罪嫌疑人、被告人委托辩护人，适用本法第三十四条的规定。

人民检察院对指定居所监视居住的决定和执行是

否合法实行监督。

注释

所谓固定住处，是指犯罪嫌疑人、被告人在办案机关所在的市、县内生活的合法住处；指定的居所，是指公安机关根据案件情况，在办案机关所在的市、县内为犯罪嫌疑人、被告人指定的生活居所，但不能是看守所、行政拘留所等羁押场所，也不能是留置室等专门的办案场所。此处的“市”是指县级市，不包括设区的市。指定居所监视居住只能适用于对涉嫌危害国家安全犯罪、恐怖活动犯罪案件的侦查中。

☞ **相关法条**

《六机关规定》第15条

《高检规则》第116条

☆☆ 第七十六条　【监视居住期限的刑期折抵】 指定居所监视居住的期限应当折抵刑期。被判处管制的，监视居住一日折抵刑期一日；被判处拘役、有期徒刑的，监视居住二日折抵刑期一日。

☆ 第七十七条　【被监视居住人应遵守的规定】【对被监视居住人违反规定的处理】 被监视居住的犯罪嫌疑人、被告人应当遵守以下规定：

（一）未经执行机关批准不得离开执行监视居住的处所；

（二）未经执行机关批准不得会见他人或者通信；

（三）在传讯的时候及时到案；

（四）不得以任何形式干扰证人作证；

（五）不得毁灭、伪造证据或者串供；

（六）将护照等出入境证件、身份证件、驾驶证件交执行机关保存。

被监视居住的犯罪嫌疑人、被告人违反前款规定，情节严重的，可以予以逮捕；需要予以逮捕的，可以对犯罪嫌疑人、被告人先行拘留。

☞ **相关法条**

《六机关规定》第 13 条

《高检规则》第 108、111 条

第七十八条　【执行机关对被监视居住人的监督与监控】 执行机关对被监视居住的犯罪嫌疑人、被告人，可以采取电子监控、不定期检查等监视方法对其遵守监视居住规定的情况进行监督；在侦查期间，可以对被监视居住的犯罪嫌疑人的通信进行监控。

第七十九条　【取保候审、监视居住的法定期限及其解除】 人民法院、人民检察院和公安机关对犯罪嫌疑人、被告人取保候审最长不得超过十二个月，监视居住最长不得超过六个月。

在取保候审、监视居住期间，不得中断对案件的侦查、起诉和审理。对于发现不应当追究刑事责任或者取保候审、监视居住期限届满的，应当及时解除取保候审、监视居住。解除取保候审、监视居住，应当及时通知被取保候审、监视居住人和有关单位。

注释

取保候审、监视居住尽管只是限制犯罪嫌疑人、被告人人身自由的强制措施，但也必须有明确的期限规定，否则将导致被采取措施者的权利无期限的受到限制，不利于人权保障。鉴于取保候审和监视居住的强制力的不同，法律区别规定了两者的最长期限。

☞ **相关法条**

《高检规则》第 102、104、105、112、114、115 条

《公安部规定》第 96、107~108、122~123 条

☆☆ 第八十条　【逮捕的批准、决定与执行】 逮捕犯罪嫌疑人、被告人，必须经过人民检察院批准或者人民法院决定，由公安机关执行。

☞ **相关法条**

《高法解释》第 167、168 条

《高检规则》第 280、282 条

《公安部规定》第 142、143 条

☆☆ **第八十一条　【逮捕的条件】** 对有证据证明有犯罪事实，可能判处徒刑以上刑罚的犯罪嫌疑人、被告人，采取取保候审尚不足以防止发生下列社会危险性的，应当予以逮捕：

（一）可能实施新的犯罪的；

（二）有危害国家安全、公共安全或者社会秩序的现实危险的；

（三）可能毁灭、伪造证据，干扰证人作证或者串供的；

（四）可能对被害人、举报人、控告人实施打击报复的；

（五）企图自杀或者逃跑的。

批准或者决定逮捕，应当将犯罪嫌疑人、被告人涉嫌犯罪的性质、情节，认罪认罚等情况，作为是否可能发生社会危险性的考虑因素。

对有证据证明有犯罪事实，可能判处十年有期徒刑以上刑罚的，或者有证据证明有犯罪事实，可能判处徒刑以上刑罚，曾经故意犯罪或者身份不明的，应当予以逮捕。

被取保候审、监视居住的犯罪嫌疑人、被告人违反取保候审、监视居住规定，情节严重的，可以予以逮捕。

注释

社会危险性作为逮捕的必要条件之一，包含了罪行危险性和人身危险性两方面具体内容。罪行危险性是通过判断犯罪嫌疑人的罪行情况给社会带来的危险性来认定其社会危险性，一般是以犯罪嫌疑人涉嫌的犯罪情况来判断。人身危险性则是涉及犯罪嫌疑人有再犯的危险或者妨碍刑事诉讼正常进行的危险，即通过犯罪嫌疑人的自身情况来认定犯罪嫌疑人的社会危险性，包括犯罪嫌疑人的主观恶性、犯罪嫌疑人的犯罪习性以及犯罪嫌疑人的悔罪表现、认罪态度等。

☞ **相关法条**

《高法解释》第163~165条

《高检规则》第128~138条

《公安部规定》第133~136条

★★ **第八十二条　【拘留的法定情形】**公安机关对于现行犯或者重大嫌疑分子，如果有下列情形之一的，可以先行拘留：

（一）正在预备犯罪、实行犯罪或者在犯罪后即时被发觉的；

（二）被害人或者在场亲眼看见的人指认他犯罪的；

（三）在身边或者住处发现有犯罪证据的；

（四）犯罪后企图自杀、逃跑或者在逃的；

（五）有毁灭、伪造证据或者串供可能的；

（六）不讲真实姓名、住址，身份不明的；

（七）有流窜作案、多次作案、结伙作案重大嫌疑的。

☞ **相关法条**

《高检规则》第 121 条

《公安部规定》第 124 条

☆ **第八十三条　【异地拘留、逮捕】**公安机关在异地执行拘留、逮捕的时候，应当通知被拘留、逮捕人所在地的公安机关，被拘留、逮捕人所在地的公安机关应当予以配合。

★★ **第八十四条　【扭送的法定情形】**对于有下列情形的人，任何公民都可以立即扭送公安机关、人民检察院或者人民法院处理：

（一）正在实行犯罪或者在犯罪后即时被发觉的；

（二）通缉在案的；

（三）越狱逃跑的；

（四）正在被追捕的。

注释

公安机关、人民检察院、人民法院对于被扭送人应当收留，并立即向扭送者和被扭送者询问有关情况，必要时可以进行调查。对于不属于自己管辖的，应当按照管辖的规定移送主管机关处理。对于需要拘留或者逮捕的，管辖机关应当依法办理相应的手续。对于不需要拘留或者逮捕的，应当立即释放，并注意做好扭送者和被扭送者的思想工作，防止发生报复行为或者引发其他社会矛盾。

☆☆ **第八十五条　【拘留的程序与通知家属】** 公安机关拘留人的时候，必须出示拘留证。

拘留后，应当立即将被拘留人送看守所羁押，至迟不得超过二十四小时。除无法通知或者涉嫌危害国家安全犯罪、恐怖活动犯罪通知可能有碍侦查的情形以外，应当在拘留后二十四小时以内，通知被拘留人的家属。有碍侦查的情形消失以后，应当立即通知被拘留人的家属。

☞ **相关法条**

《高检规则》第 122 条

《公安部规定》第 125~128 条

☆☆ **第八十六条　【拘留后的讯问与释放】** 公安机关对被拘留的人，应当在拘留后的二十四小时以内进行讯问。在发现不应当拘留的时候，必须立即释放，发给释放证明。

注释

不应当拘留的情形包括：没有发生犯罪行为或者虽有犯罪行为，但非嫌疑人所为；犯罪行为轻微，依法不应追究刑事责任；虽然被拘留人实施了犯罪行为，但该人不具备本法第 82 条规定的需要采取拘留措施的情形，因而不需要对其采取拘留措施。

☞ **相关法条**

《高检规则》第 124、125 条

《公安部规定》第 128~131 条

第八十七条　【提请逮捕】公安机关要求逮捕犯罪嫌疑人的时候，应当写出提请批准逮捕书，连同案卷材料、证据，一并移送同级人民检察院审查批准。必要的时候，人民检察院可以派人参加公安机关对于重大案件的讨论。

☞ **相关法条**

《公安部规定》第 129、137 条

第八十八条　【审查批准逮捕】人民检察院审查批准逮捕，可以讯问犯罪嫌疑人；有下列情形之一的，应当讯问犯罪嫌疑人：

（一）对是否符合逮捕条件有疑问的；

（二）犯罪嫌疑人要求向检察人员当面陈述的；

（三）侦查活动可能有重大违法行为的。

人民检察院审查批准逮捕，可以询问证人等诉讼参与人，听取辩护律师的意见；辩护律师提出要求的，应当听取辩护律师的意见。

☞ **相关法条**

《高检规则》第257~263条

第八十九条　【审查批准逮捕的决定】 人民检察院审查批准逮捕犯罪嫌疑人由检察长决定。重大案件应当提交检察委员会讨论决定。

☆ **第九十条　【批准逮捕与不批准逮捕】** 人民检察院对于公安机关提请批准逮捕的案件进行审查后，应当根据情况分别作出批准逮捕或者不批准逮捕的决定。对于批准逮捕的决定，公安机关应当立即执行，并且将执行情况及时通知人民检察院。对于不批准逮捕的，人民检察院应当说明理由，需要补充侦查的，应当同时通知公安机关。

注释

人民检察院对于公安机关提请批准逮捕的案件进行审查后，可以分别作出两种处理：一是对于符合逮捕的法定条件，即符合本法第81条规定的逮捕条件的，依法可以作出批准逮捕的决定。公安机关应当立即执行人民检察院的批捕决定，并及时将执行情况通知批准逮捕的人民检察院。二是对不符合逮捕条件或者具有本法第16条规定的情形之一的，应当作出不批准逮捕的决定，并制作不批准逮捕书。

☞ 相关法条

《六机关规定》第17条

《高检规则》第283~294条

《公安部规定》第139~142、146条

第九十一条 【提请批捕及对其审查处理】公安机关对被拘留的人，认为需要逮捕的，应当在拘留后的三日以内，提请人民检察院审查批准。在特殊情况下，提请审查批准的时间可以延长一日至四日。

对于流窜作案、多次作案、结伙作案的重大嫌疑分子，提请审查批准的时间可以延长至三十日。

人民检察院应当自接到公安机关提请批准逮捕书后的七日以内，作出批准逮捕或者不批准逮捕的决定。人民检察院不批准逮捕的，公安机关应当在接到通知后立即释放，并且将执行情况及时通知人民检察院。对于需要继续侦查，并且符合取保候审、监视居

住条件的，依法取保候审或者监视居住。

☞ **相关法条**

《高检规则》第280、281条

☆ 第九十二条　【公安机关对不批准逮捕的异议】 公安机关对人民检察院不批准逮捕的决定，认为有错误的时候，可以要求复议，但是必须将被拘留的人立即释放。如果意见不被接受，可以向上一级人民检察院提请复核。上级人民检察院应当立即复核，作出是否变更的决定，通知下级人民检察院和公安机关执行。

★★ 第九十三条　【逮捕的程序与通知家属】 公安机关逮捕人的时候，必须出示逮捕证。

逮捕后，应当立即将被逮捕人送看守所羁押。除无法通知的以外，应当在逮捕后二十四小时以内，通知被逮捕人的家属。

注释

无法通知是指具有下列情形之一：一是不讲真实姓名、住址、身份不明的；二是没有家属的；三是提供的家属联系方式无法取得联系的；四是因自然灾害等不可抗力导致无法通知的。

★★ **第九十四条　【逮捕后的讯问】** 人民法院、人民检察院对于各自决定逮捕的人，公安机关对于经人民检察院批准逮捕的人，都必须在逮捕后的二十四小时以内进行讯问。在发现不应当逮捕的时候，必须立即释放，发给释放证明。

注释

“不应当逮捕的”情形包括：第一，没有发生犯罪行为或者虽有犯罪行为，但非嫌疑人所为；第二，犯罪行为轻微，依法不应追究刑事责任，或者不会判处有期徒刑以上刑罚的；第三，虽有犯罪行为，也可能判处有期徒刑以上刑罚，但法律免除刑事责任追究的；第四，犯罪行为虽然是被逮捕人所为，但是被逮捕人没有满足逮捕的社会危险性条件件的。

☞ **相关法条**

《高检规则》第302条

《公安部规定》第144条

第九十五条　【检察院对羁押必要性的审查】 犯罪嫌疑人、被告人被逮捕后，人民检察院仍应当对羁押的必要性进行审查。对不需要继续羁押的，应当建议予以释放或者变更强制措施。有关机关应当在十日以内将处理情况通知人民检察院。

★★ **第九十六条　【强制措施的撤销与变更】** 人民法院、人民检察院和公安机关如果发现对犯罪嫌疑人、被告人采取强制措施不当的，应当及时撤销或者变更。公安机关释放被逮捕的人或者变更逮捕措施的，应当通知原批准的人民检察院。

☞ **相关法条**

《高法解释》第169~173条

《公安部规定》第158、159条

★★ **第九十七条　【变更强制措施的申请与决定程序】** 犯罪嫌疑人、被告人及其法定代理人、近亲属或者辩护人有权申请变更强制措施。人民法院、人民检察院和公安机关收到申请后，应当在三日以内作出决定；不同意变更强制措施的，应当告知申请人，并说明不同意的理由。

☞ **相关法条**

《高法解释》第174条

★★ **第九十八条　【对不能按期结案强制措施的变更】** 犯罪嫌疑人、被告人被羁押的案件，不能在本法规定的侦查羁押、审查起诉、一审、二审期限内办结的，对犯罪嫌疑人、被告人应当予以释放；需要继续查证、审理的，对犯罪嫌疑人、被告人可以取保候审或者监视居住。

☆☆ **第九十九条　【法定期限届满要求解除强制措施】** 人民法院、人民检察院或者公安机关对被采取强制措施法定期限届满的犯罪嫌疑人、被告人，应当予以释放、解除取保候审、监视居住或者依法变更强制措施。犯罪嫌疑人、被告人及其法定代理人、近亲属或者辩护人对于人民法院、人民检察院或者公安机关采取强制措施法定期限届满的，有权要求解除强制措施。

第一百条　【侦查监督】 人民检察院在审查批准逮捕工作中，如果发现公安机关的侦查活动有违法情况，应当通知公安机关予以纠正，公安机关应当将纠正情况通知人民检察院。

☞ **相关法条**

《高检规则》第 332、334、3236、338、341 条

第七章　附带民事诉讼

☆☆ **第一百零一条　【附带民事诉讼的提起】** 被害人由于被告人的犯罪行为而遭受物质损失的，在刑事诉讼过程中，有权提起附带民事诉讼。被害人死亡或者

丧失行为能力的，被害人的法定代理人、近亲属有权提起附带民事诉讼。

如果是国家财产、集体财产遭受损失的，人民检察院在提起公诉的时候，可以提起附带民事诉讼。

注释

被害人因人身权利受到犯罪侵犯或者财物被犯罪分子毁坏而遭受物质损失的，有权在刑事诉讼过程中提起附带民事诉讼，而因受到犯罪侵犯提起附带民事诉讼要求赔偿精神损失的，人民法院则不予受理。

☞ **相关法条**

《高法解释》第175~188条

★★ 第一百零二条 【附带民事诉讼中的保全措施】 人民法院在必要的时候，可以采取保全措施，查封、扣押或者冻结被告人的财产。附带民事诉讼原告人或者人民检察院可以申请人民法院采取保全措施。人民法院采取保全措施，适用民事诉讼法的有关规定。

☞ **相关法条**

《高法解释》第189条

☆☆ 第一百零三条 【附带民事诉讼的调解和裁判】 人民法院审理附带民事诉讼案件，可以进行调解，或者根据物质损失情况作出判决、裁定。

☞ **相关法条**

《高法解释》第190、191条

☆ **第一百零四条　【附带民事诉讼一并审判及例外】** 附带民事诉讼应当同刑事案件一并审判，只有为了防止刑事案件审判的过分迟延，才可以在刑事案件审判后，由同一审判组织继续审理附带民事诉讼。

☞ **相关法条**

《刑法》第36条

《高法解释》第196~198条

第八章　期间、送达

★★ **第一百零五条　【期间及其计算】** 期间以时、日、月计算。

期间开始的时和日不算在期间以内。

法定期间不包括路途上的时间。上诉状或者其他文件在期满前已经交邮的，不算过期。

期间的最后一日为节假日的，以节假日后的第一日为期满日期，但犯罪嫌疑人、被告人或者罪犯在押期间，应当至期满之日为止，不得因节假日而延长。

☞ **相关法条**

本法第149条

《高法解释》第202条

★ **第一百零六条 【期间的耽误及补救】** 当事人由于不能抗拒的原因或者有其他正当理由而耽误期限的，在障碍消除后五日以内，可以申请继续进行应当在期满以前完成的诉讼活动。

前款申请是否准许，由人民法院裁定。

注 释

申请恢复期间的条件有二：一是期限的耽误是由于不能抗拒的原因或者其他正当理由造成的。例如，发生了地震、台风、洪水等无法抗拒的自然灾害导致当事人无法进行诉讼活动或者是当事人因生病、遭遇意外事故等原因无法进行诉讼活动等。二是申请应在障碍消除后的5日以内提出。如果当事人怠于行使权利，超过了申请期限，则期间不能恢复。

☞ **相关法条**

《高法解释》第203条

★ **第一百零七条 【送达】** 送达传票、通知书和其他诉讼文件应当交给收件人本人；如果本人不在，可以交给他的成年家属或者所在单位的负责人员代收。

收件人本人或者代收人拒绝接收或者拒绝签名、盖章的时候，送达人可以邀请他的邻居或者其他见证人到场，说明情况，把文件留在他的住处，在送达证上记明拒绝的事由、送达的日期，由送达人签名，即认为已经送达。

注释

留置送达的适用程序主要包括：一是可以邀请收件人、代收人的邻居或其他见证人到场，说明情况，把文件留在收件人、代收人的住处；二是要在送达证上记明拒绝的事由、送达的日期，由送达人签名。完成以上程序，即视为送达，与直接送达具有同等效力。

☞ **相关法条**

《高法解释》第204~208条

第九章　其他规定

☆☆ **第一百零八条　【有关用语的解释】** 本法下列用语的含意是：

（一）“侦查”是指公安机关、人民检察院对于刑事案件，依照法律进行的收集证据、查明案情的工作和有关的强制性措施；

（二）“当事人”是指被害人、自诉人、犯罪嫌疑人、被告人、附带民事诉讼的原告人和被告人；

（三）“法定代理人”是指被代理人的父母、养父母、监护人和负有保护责任的机关、团体的代表；

（四）“诉讼参与人”是指当事人、法定代理人、诉讼代理人、辩护人、证人、鉴定人和翻译人员；

（五）“诉讼代理人”是指公诉案件的被害人及其法定代理人或者近亲属、自诉案件的自诉人及其法定代理人委托代为参加诉讼的人和附带民事诉讼的当事人及其法定代理人委托代为参加诉讼的人；

（六）“近亲属”是指夫、妻、父、母、子、女、同胞兄弟姊妹。

▶▶小测试*◀◀①

1. 对刑事案件的侦查、拘留、执行逮捕、预审、提起公诉，由公安机关负责。（　　）

2. 几个同级人民法院都有权管辖的案件，由最初受理的人民法

* 本书小测试依次设置判断、选择、填空三种题型。

①【答案】1. ×，解析：《刑事诉讼法》第3条第1款。2. ×，解析：《刑事诉讼法》第26条。3. C。4. ABC。5. 证人；鉴定人；辩护人；诉讼代理人。6. 护照；身份证件；驾驶证件。

院审判。在必要的时候，可以移送被告人所在地的人民法院审判。(　　)

3. 对一切案件的判处都要重证据，重调查研究，不轻信(　　)。

A. 书证　　B. 物证

C. 口供　　D. 鉴定意见

4. 辩护人或者其他任何人，不得帮助犯罪嫌疑人、被告人(　　)证据或者串供，不得威胁、引诱证人作伪证以及进行其他干扰司法机关诉讼活动的行为。

A. 隐匿　　B. 毁灭　　C. 伪造　　D. 制造

5. 担任过本案的________、________、________、________的，应当自行回避，当事人及其法定代理人也有权要求他们回避。

6. 被监视居住的犯罪嫌疑人、被告人应将________等出入境证件、________、________交执行机关保存。

第二编　立案、侦查和提起公诉

第一章　立　　案

第一百零九条　【立案侦查机关】 公安机关或者人民检察院发现犯罪事实或者犯罪嫌疑人，应当按照管辖范围，立案侦查。

生活小案例

一天晚上，张某在回家途中与王某发生争执。在争执过程中，张某卡住王某的颈部并致其窒息。张某在去公安局自首的路上，想到杀人要偿命，越想越害怕，于是便逃往了外地。王某醒过来后立即向公安局报警。后来王某又多次向公安局提出控告，公安局答复说，只有抓到犯罪嫌疑人才能立案，遂决定不立案。问：本案中公安机关的行为是否有不当之处，并说明理由。

答：公安局不应以没有抓到嫌疑人为由决定不立案。对有犯罪事实需要追究刑事责任的，公安机关应当立案。

★★ **第一百一十条　【报案、举报、控告及自首的处理】** 任何单位和个人发现有犯罪事实或者犯罪嫌疑人，有权利也有义务向公安机关、人民检察院或者人民法院报案或者举报。

被害人对侵犯其人身、财产权利的犯罪事实或者犯罪嫌疑人，有权向公安机关、人民检察院或者人民法院报案或者控告。

公安机关、人民检察院或者人民法院对于报案、控告、举报，都应当接受。对于不属于自己管辖的，应当移送主管机关处理，并且通知报案人、控告人、举报人；对于不属于自己管辖而又必须采取紧急措施的，应当先采取紧急措施，然后移送主管机关。

犯罪人向公安机关、人民检察院或者人民法院自首的，适用第三款规定。

★★ 第一百一十一条 【报案、控告、举报的形式、程序及保障】报案、控告、举报可以用书面或者口头提出。接受口头报案、控告、举报的工作人员，应当写成笔录，经宣读无误后，由报案人、控告人、举报人签名或者盖章。

接受控告、举报的工作人员，应当向控告人、举报人说明诬告应负的法律责任。但是，只要不是捏造事实，伪造证据，即使控告、举报的事实有出入，甚至是错告的，也要和诬告严格加以区别。

公安机关、人民检察院或者人民法院应当保障报案人、控告人、举报人及其近亲属的安全。报案人、控告人、举报人如果不愿公开自己的姓名和报案、控告、举报的行为，应当为他保守秘密。

注释

笔录应当交由本人阅读，不具备阅读能力的应当对其进行宣读。笔录如有错误应当允许对方更正。笔录经确认无误后应当由本人签字或盖章。单位作为报案人、控告人和举报人应当提交书面材料，并应加盖单位的公章和法定代表人的签名或盖章。

☞ **相关法条**

《公安部规定》第169~173条

第一百一十二条　【对报案、控告、举报和自首的审查】人民法院、人民检察院或者公安机关对于报案、控告、举报和自首的材料，应当按照管辖范围，迅速进行审查，认为有犯罪事实需要追究刑事责任的时候，应当立案；认为没有犯罪事实，或者犯罪事实显著轻微，不需要追究刑事责任的时候，不予立案，并且将不立案的原因通知控告人。控告人如果不服，可以申请复议。

☞ **相关法条**

《公安部规定》第178~181条

★★ **第一百一十三条　【立案监督】**人民检察院认为公安机关对应当立案侦查的案件而不立案侦查的，或者被害人认为公安机关对应当立案侦查的案件而不立案侦查，向人民检察院提出的，人民检察院应当要求公安机关说明不立案的理由。人民检察院认为公安机关不立案理由不能成立的，应当通知公安机关立案，公安机关接到通知后应当立案。

☞ **相关法条**

《六机关规定》第18条

《公安部规定》第182~184条

☆ **第一百一十四条　【自诉案件的起诉与受理】**对于自诉案件，被害人有权向人民法院直接起诉。被害人死亡或者丧失行为能力的，被害人的法定代理人、近亲属有权向人民法院起诉。人民法院应当依法受理。

注释

"被害人死亡或者丧失行为能力"，是指由于犯罪行为导致被害人死亡或失去以自己行为依法行使权利承担义务的能力、案发后因其他原因死亡或丧失行为能力以及本无行为能力的情形。

第二章 侦　　查

第一节 一般规定

第一百一十五条 【侦查】公安机关对已经立案的刑事案件，应当进行侦查，收集、调取犯罪嫌疑人有罪或者无罪、罪轻或者罪重的证据材料。对现行犯或者重大嫌疑分子可以依法先行拘留，对符合逮捕条件的犯罪嫌疑人，应当依法逮捕。

☞ **相关法条**

《公安部规定》第 124、191～193 条

第一百一十六条 【预审】公安机关经过侦查，对有证据证明有犯罪事实的案件，应当进行预审，对收集、调取的证据材料予以核实。

☆☆ **第一百一十七条 【对违法侦查的申诉、控告与处理】**当事人和辩护人、诉讼代理人、利害关系人对于司法机关及其工作人员有下列行为之一的，有权向该机关申诉或者控告：

（一）采取强制措施法定期限届满，不予以释放、解除或者变更的；

（二）应当退还取保候审保证金不退还的；

（三）对与案件无关的财物采取查封、扣押、冻结措施的；

（四）应当解除查封、扣押、冻结不解除的；

（五）贪污、挪用、私分、调换、违反规定使用查封、扣押、冻结的财物的。

受理申诉或者控告的机关应当及时处理。对处理不服的，可以向同级人民检察院申诉；人民检察院直接受理的案件，可以向上一级人民检察院申诉。人民检察院对申诉应当及时进行审查，情况属实的，通知有关机关予以纠正。

注释

侦查活动违法不仅可能侵害案件当事人及其他诉讼参与人，也可能会侵害到与案件相关的其他人，如查封、扣押、冻结可能侵害第三人的财产权。因此，有权申诉、控告的主体，不限于刑事诉讼参与人，还包括因程序违法而遭受利益受损的其他人。

☞ **相关法条**

《公安部规定》第196、197条

第二节　讯问犯罪嫌疑人

☆ 第一百一十八条　【讯问的主体】【对被羁押犯罪嫌疑人讯问地点】讯问犯罪嫌疑人必须由人民检察院或者公安机关的侦查人员负责进行。讯问的时候，侦查人员不得少于二人。

犯罪嫌疑人被送交看守所羁押以后，侦查人员对其进行讯问，应当在看守所内进行。

☞ **相关法条**

《高检规则》第 182 条

《公安部规定》第 155、202 条

☆ 第一百一十九条　【传唤、拘传讯问的地点、持续期间及权利保障】对不需要逮捕、拘留的犯罪嫌疑人，可以传唤到犯罪嫌疑人所在市、县内的指定地点或者到他的住处进行讯问，但是应当出示人民检察院或者公安机关的证明文件。对在现场发现的犯罪嫌疑人，经出示工作证件，可以口头传唤，但应当在讯问笔录中注明。

传唤、拘传持续的时间不得超过十二小时；案情特别重大、复杂，需要采取拘留、逮捕措施的，传唤、拘传持续的时间不得超过二十四小时。

不得以连续传唤、拘传的形式变相拘禁犯罪嫌疑人。传唤、拘传犯罪嫌疑人，应当保证犯罪嫌疑人的饮食和必要的休息时间。

☞ **相关法条**

《高检规则》第 183 条

《公安部规定》第 198~201 条

☆☆ **第一百二十条　【讯问程序】** 侦查人员在讯问犯罪嫌疑人的时候，应当首先讯问犯罪嫌疑人是否有犯罪行为，让他陈述有罪的情节或者无罪的辩解，然后向他提出问题。犯罪嫌疑人对侦查人员的提问，应当如实回答。但是对与本案无关的问题，有拒绝回答的权利。

侦查人员在讯问犯罪嫌疑人的时候，应当告知犯罪嫌疑人享有的诉讼权利，如实供述自己罪行可以从宽处理和认罪认罚的法律规定。

☆ **第一百二十一条　【对聋、哑犯罪嫌疑人讯问的要求】** 讯问聋、哑的犯罪嫌疑人，应当有通晓聋、哑手势的人参加，并且将这种情况记明笔录。

注 释

聋、哑犯罪嫌疑人因沟通存在障碍，为了保障他们的合法权益，并防止由于沟通中的误解造成对事实认定的误导，尽早查明案件事实，侦查人员在讯问时，应当安排通晓聋、哑手势的人参加，准确转达讯问人员及犯罪嫌疑人的提问与回答，保障其沟通的顺畅，防止形成误解，并将有通晓聋、哑手势的人参加讯问的情况在讯问笔录中记明。

第一百二十二条　【讯问笔录】讯问笔录应当交犯罪嫌疑人核对，对于没有阅读能力的，应当向他宣读。如果记载有遗漏或者差错，犯罪嫌疑人可以提出补充或者改正。犯罪嫌疑人承认笔录没有错误后，应当签名或者盖章。侦查人员也应当在笔录上签名。犯罪嫌疑人请求自行书写供述的，应当准许。必要的时候，侦查人员也可以要犯罪嫌疑人亲笔书写供词。

☞ **相关法条**

《高检规则》第 188 条

《公安部规定》第 205~207 条

☆☆ **第一百二十三条　【讯问过程录音录像】**侦查人员在讯问犯罪嫌疑人的时候，可以对讯问过程进行录音或者录像；对于可能判处无期徒刑、死刑的案件或者其他重大犯罪案件，应当对讯问过程进行录音或者录像。

录音或者录像应当全程进行，保持完整性。

☞ **相关法条**

《六机关规定》第 19 条

《高检规则》第 190 条

《公安部规定》第 208 条

第三节 询问证人

☆☆ **第一百二十四条 【询问证人的地点、方式】** 侦查人员询问证人，可以在现场进行，也可以到证人所在单位、住处或者证人提出的地点进行，在必要的时候，可以通知证人到人民检察院或者公安机关提供证言。在现场询问证人，应当出示工作证件，到证人所在单位、住处或者证人提出的地点询问证人，应当出示人民检察院或者公安机关的证明文件。

询问证人应当个别进行。

注释

为了保证证人如实地提供证言，避免证人之间相互影响或相互串通，当同一案件有多名证人时，侦查人员应当单独个别进行询问。

☞ **相关法条**

《高检规则》第 192、193 条

《公安部规定》第 210~212 条

★★ **第一百二十五条　【询问证人的告知事项】** 询问证人，应当告知他应当如实地提供证据、证言和有意作伪证或者隐匿罪证要负的法律责任。

第一百二十六条　【询问证人笔录】 本法第一百二十二条的规定，也适用于询问证人。

★ **第一百二十七条　【询问被害人的法律适用】** 询问被害人，适用本节各条规定。

注释

询问被害人除了应当遵守询问证人的各项规定以外，还应当注意被害人害怕打击报复或顾及名誉、情面的特殊心理以及被害人急于证实犯罪、希望犯罪受到惩罚的心理，耐心做好被害人的思想工作，使其如实陈述，做到既不遗漏又不夸大案件情节。对伤势较重、有生命危险的被害人，要及时询问并进行录音、录像。要采取措施保障被害人的人身安全，并对询问中涉及的被害人隐私予以保密。

第四节　勘验、检查

★★ **第一百二十八条　【勘验、检查的主体和范围】** 侦查人员对于与犯罪有关的场所、物品、人身、尸体应当进行勘验或者检查。在必要的时候，可以指派或者聘请具有专门知识的人，在侦查人员的主持下进行勘验、检查。

第一百二十九条　【犯罪现场保护】任何单位和个人，都有义务保护犯罪现场，并且立即通知公安机关派员勘验。

★ **第一百三十条　【勘验、检查的手续】**侦查人员执行勘验、检查，必须持有人民检察院或者公安机关的证明文件。

☞ **相关法条**

《公安部规定》第 214~216 条

第一百三十一条　【尸体解剖】对于死因不明的尸体，公安机关有权决定解剖，并且通知死者家属到场。

☞ **相关法条**

《高检规则》第 198 条

《公安部规定》第 218、219 条

☆ **第一百三十二条　【对被害人、犯罪嫌疑人的人身检查】**为了确定被害人、犯罪嫌疑人的某些特征、伤害情况或者生理状态，可以对人身进行检查，可以提取指纹信息，采集血液、尿液等生物样本。

犯罪嫌疑人如果拒绝检查，侦查人员认为必要的时候，可以强制检查。

检查妇女的身体，应当由女工作人员或者医师进行。

注释

犯罪嫌疑人如果拒绝检查、提取、采集相关样本的，侦查人员认为必要的时候，经办案部门负责人批准，可以强制检查、提取、采集。但是对被害人不能进行强制检查。

☞ **相关法条**

《高检规则》第199条

《公安部规定》第217条

第一百三十三条　【勘验、检查笔录制作】 勘验、检查的情况应当写成笔录，由参加勘验、检查的人和见证人签名或者盖章。

☞ **相关法条**

《高法解释》第80条

第一百三十四条　【复验、复查】 人民检察院审查案件的时候，对公安机关的勘验、检查，认为需要复验、复查时，可以要求公安机关复验、复查，并且可以派检察人员参加。

☆☆ **第一百三十五条　【侦查实验】**为了查明案情，在必要的时候，经公安机关负责人批准，可以进行侦查实验。

侦查实验的情况应当写成笔录，由参加实验的人签名或者盖章。

侦查实验，禁止一切足以造成危险、侮辱人格或者有伤风化的行为。

第五节　搜　　查

★★ **第一百三十六条　【搜查的主体和范围】**为了收集犯罪证据、查获犯罪人，侦查人员可以对犯罪嫌疑人以及可能隐藏罪犯或者犯罪证据的人的身体、物品、住处和其他有关的地方进行搜查。

★ **第一百三十七条　【协助义务】**任何单位和个人，有义务按照人民检察院和公安机关的要求，交出可以证明犯罪嫌疑人有罪或者无罪的物证、书证、视听资料等证据。

☆☆ **第一百三十八条　【持证搜查与无证搜查】**进行搜查，必须向被搜查人出示搜查证。

在执行逮捕、拘留的时候，遇有紧急情况，不另用搜查证也可以进行搜查。

注 释

搜查是一项限制公民人身权利或财产权利的措施，若适用不当，会严重侵害公民的合法权益，其适用应当慎之又慎。在适用时应当经过批准，并有充足的理由和法律依据。根据有关法律法规，搜查必须经过县级以上公安机关负责人或检察长批准，制作《搜查证》，执行搜查时应向被搜查人出示搜查证。

☞ **相关法条**

《公安部规定》第223、224条

☆ **第一百三十九条 【搜查程序】** 在搜查的时候，应当有被搜查人或者他的家属，邻居或者其他见证人在场。

搜查妇女的身体，应当由女工作人员进行。

第一百四十条 【搜查笔录制作】 搜查的情况应当写成笔录，由侦查人员和被搜查人或者他的家属，邻居或者其他见证人签名或者盖章。如果被搜查人或者他的家属在逃或者拒绝签名、盖章，应当在笔录上注明。

第六节 查封、扣押物证、书证

☆ **第一百四十一条 【查封、扣押的范围及保管、封存】** 在侦查活动中发现的可用以证明犯罪嫌疑人有罪或者无罪的各种财物、文件，应当查封、扣押；与案件无关的财物、文件，不得查封、扣押。

对查封、扣押的财物、文件，要妥善保管或者封存，不得使用、调换或者损毁。

☞ **相关法条**

《六机关规定》第 36 条

《高检规则》第 209 条

《公安部规定》第 227~229 条

★ **第一百四十二条　【查封、扣押清单】** 对查封、扣押的财物、文件，应当会同在场见证人和被查封、扣押财物、文件持有人查点清楚，当场开列清单一式二份，由侦查人员、见证人和持有人签名或者盖章，一份交给持有人，另一份附卷备查。

注释

制作查封、扣押财物、文件清单除了要准确标明查封、扣押财物的名称、数量、封存的详细地点、品牌、规格，以及文件的名称、份数、页数、存储位置等情况之外，还必须标明财物的新旧程度、突出特征等，有编号的贵重物品要在清单上准确记载。扣押特殊物品时，要注意作出妥善处理。比如，扣押录音带、录像带、磁盘、光盘、U 盘、移动硬盘等磁质、电子存储介质，应当注明案由、内容、规格、类别、应用长度、文件格式、制作或者提取时间、制作人或者提取人等。

☞ 相关法条

《公安部规定》第230、231、235、236条

生活小案例

在一起拦路抢劫案中，犯罪嫌疑人被当场抓获。侦查人员决定立即进行搜查，并搜得人民币4000余元以及一条金项链。一名侦查人员说："这些证据被扣留了。"之后将人民币、金项链一起放入一文件袋内拿走了。问：本案扣押程序有何不当之处？请说明理由。

答：侦查人员不应将搜查所得的证据直接装入文件袋中拿走，扣押程序违法。扣押时应会同在场见证人和被扣押物品持有人查点清楚，当场开列清单一式二份，由侦查人员、见证人和持有人签名或者盖章。

第一百四十三条　【扣押邮件、电报的程序】侦查人员认为需要扣押犯罪嫌疑人的邮件、电报的时候，经公安机关或者人民检察院批准，即可通知邮电机关将有关的邮件、电报检交扣押。

不需要继续扣押的时候，应即通知邮电机关。

☞ **相关法条**

《公安部规定》第232、233条

☆ **第一百四十四条　【查询、冻结犯罪嫌疑人财产的程序】** 人民检察院、公安机关根据侦查犯罪的需要，可以依照规定查询、冻结犯罪嫌疑人的存款、汇款、债券、股票、基金份额等财产。有关单位和个人应当配合。

犯罪嫌疑人的存款、汇款、债券、股票、基金份额等财产已被冻结的，不得重复冻结。

☞ **相关法条**

《六机关规定》第37条

《公安部规定》第237~243条

★★ **第一百四十五条　【查封、扣押、冻结的解除】** 对查封、扣押的财物、文件、邮件、电报或者冻结的存款、汇款、债券、股票、基金份额等财产，经查明确实与案件无关的，应当在三日以内解除查封、扣押、冻结，予以退还。

第七节　鉴　　定

☆ **第一百四十六条　【鉴定的启动】** 为了查明案情，需要解决案件中某些专门性问题的时候，应当指派、聘请有专门知识的人进行鉴定。

注释

刑事诉讼中，鉴定主要用于解决跟案件有关的专门性问题，以便帮助侦查人员对某些证据材料进行更加科学和客观的认识。当查明案情，需要解决案件中某些专门性问题时，公安司法机关应当指派或者聘请有专门知识的人进行鉴定。

第一百四十七条 【鉴定意见的制作】【故意作虚假鉴定的责任】 鉴定人进行鉴定后，应当写出鉴定意见，并且签名。

鉴定人故意作虚假鉴定的，应当承担法律责任。

☞ **相关法条**

《公安部规定》第 249~253 条

★★ **第一百四十八条 【告知鉴定意见与补充鉴定、重新鉴定】** 侦查机关应当将用作证据的鉴定意见告知犯罪嫌疑人、被害人。如果犯罪嫌疑人、被害人提出申请，可以补充鉴定或者重新鉴定。

☞ **相关法条**

《高检规则》第 220 条

《公安部规定》第 254~256 条

★ **第一百四十九条 【对犯罪嫌疑人作精神病鉴定的期间】** 对犯罪嫌疑人作精神病鉴定的期间不计入办案期限。

☞ **相关法条**

《六机关规定》第 40 条

第八节 技术侦查措施

☆☆ **第一百五十条 【技术侦查措施的适用范围和实施原则】** 公安机关在立案后，对于危害国家安全犯罪、恐怖活动犯罪、黑社会性质的组织犯罪、重大毒品犯罪或者其他严重危害社会的犯罪案件，根据侦查犯罪的需要，经过严格的批准手续，可以采取技术侦查措施。

人民检察院在立案后，对于利用职权实施的严重侵犯公民人身权利的重大犯罪案件，根据侦查犯罪的需要，经过严格的批准手续，可以采取技术侦查措施，按照规定交有关机关执行。

追捕被通缉或者批准、决定逮捕的在逃的犯罪嫌疑人、被告人，经过批准，可以采取追捕所必需的技术侦查措施。

注释

公安机关采取技术侦查措施包括以下五个内容：(1) 公安机关在刑事诉讼中采取技术侦查措施必须是在立案以后。(2) 公安机关可以采取技术侦查措施的案件范围是危害国家安全犯罪、恐怖活动犯罪、黑社会性质的组织犯罪、重大毒品犯罪或者其他严重危害社会的犯罪。(3) 公安机关对上述案件是否采取技术侦查措施要"根据侦查犯罪的需要"。(4) 要经过严格的批准手续。(5) 技术侦查措施的执行机关是公安机关。

☞ **相关法条**

《高检规则》第227、228条

《公安部规定》第263、264条

★★ 第一百五十一条 【技术侦查措施的有效期限及其延长程序】 批准决定应当根据侦查犯罪的需要，确定采取技术侦查措施的种类和适用对象。批准决定自签发之日起三个月以内有效。对于不需要继续采取技术侦查措施的，应当及时解除；对于复杂、疑难案件，期限届满仍有必要继续采取技术侦查措施的，经过批准，有效期可以延长，每次不得超过三个月。

☞ **相关法条**

《六机关规定》第20条

《高检规则》第 229 条

《公安部规定》第 265、266 条

★★ **第一百五十二条 【技术侦查措施的执行、保密及获取材料的用途限制】** 采取技术侦查措施，必须严格按照批准的措施种类、适用对象和期限执行。

侦查人员对采取技术侦查措施过程中知悉的国家秘密、商业秘密和个人隐私，应当保密；对采取技术侦查措施获取的与案件无关的材料，必须及时销毁。

采取技术侦查措施获取的材料，只能用于对犯罪的侦查、起诉和审判，不得用于其他用途。

公安机关依法采取技术侦查措施，有关单位和个人应当配合，并对有关情况予以保密。

☞ **相关法条**

《公安部规定》第 267~270 条

第一百五十三条 【隐匿身份侦查及其限制】【控制下交付的适用范围】 为了查明案情，在必要的时候，经公安机关负责人决定，可以由有关人员隐匿其身份实施侦查。但是，不得诱使他人犯罪，不得采用可能危害公共安全或者发生重大人身危险的方法。

对涉及给付毒品等违禁品或者财物的犯罪活动，公安机关根据侦查犯罪的需要，可以依照规定实施控制下交付。

☞ **相关法条**

《公安部规定》第271～273条

第一百五十四条　【技术侦查措施收集材料用作证据的特别规定】依照本节规定采取侦查措施收集的材料在刑事诉讼中可以作为证据使用。如果使用该证据可能危及有关人员的人身安全，或者可能产生其他严重后果的，应当采取不暴露有关人员身份、技术方法等保护措施，必要的时候，可以由审判人员在庭外对证据进行核实。

第九节　通　　缉

☆☆ **第一百五十五条　【通缉令的发布】**应当逮捕的犯罪嫌疑人如果在逃，公安机关可以发布通缉令，采取有效措施，追捕归案。

各级公安机关在自己管辖的地区以内，可以直接发布通缉令；超出自己管辖的地区，应当报请有权决定的上级机关发布。

注释

有权发布通缉令的机关为县级以上的公安机关，其他任何机关、团体、单位、组织和个人都无权发布。人民检察院在办理自侦案件过程中，需要追捕在逃的犯罪嫌疑人时，经检察长批准，有权作出通缉决定，但仍需交由公安机关发布通缉令。

☞ **相关法条**

《高检规则》第232~236条

《公安部规定》第274~282条

第十节　侦查终结

☆☆ **第一百五十六条　【一般侦查羁押期限】** 对犯罪嫌疑人逮捕后的侦查羁押期限不得超过二个月。案情复杂、期限届满不能终结的案件，可以经上一级人民检察院批准延长一个月。

☞ **相关法条**

《六机关规定》第21条

★ **第一百五十七条　【特殊侦查羁押期限】** 因为特殊原因，在较长时间内不宜交付审判的特别重大复杂的案件，由最高人民检察院报请全国人民代表大会常务委员会批准延期审理。

注释

此种情形是较为特殊的情况，不仅要具备特殊原因，并且要由于特殊原因导致案件较长时间不适宜交付审判，同时，案件还应具有特别重大复杂的特点。本条中涉及的特殊原因，不能做任意解释，不能扩大使用。当以上三个条件同时具备时，由最高人民检察院报请全国人民代表大会常委会批准可以延期审理。

☆☆ 第一百五十八条 【重大复杂案件的侦查羁押期限】下列案件在本法第一百五十六条规定的期限届满不能侦查终结的，经省、自治区、直辖市人民检察院批准或者决定，可以延长二个月：

（一）交通十分不便的边远地区的重大复杂案件；

（二）重大的犯罪集团案件；

（三）流窜作案的重大复杂案件；

（四）犯罪涉及面广，取证困难的重大复杂案件。

☆ 第一百五十九条 【重刑案件的侦查羁押期限】对犯罪嫌疑人可能判处十年有期徒刑以上刑罚，依照本法第一百五十八条规定延长期限届满，仍不能侦查终结的，经省、自治区、直辖市人民检察院批准或者决定，可以再延长二个月。

☆☆ **第一百六十条　【侦查羁押期限的重新计算】** 在侦查期间，发现犯罪嫌疑人另有重要罪行的，自发现之日起依照本法第一百五十六条的规定重新计算侦查羁押期限。

犯罪嫌疑人不讲真实姓名、住址，身份不明的，应当对其身份进行调查，侦查羁押期限自查清其身份之日起计算，但是不得停止对其犯罪行为的侦查取证。对于犯罪事实清楚，证据确实、充分，确实无法查明其身份的，也可以按其自报的姓名起诉、审判。

☞ **相关法条**

《六机关规定》第 22 条

《公安部规定》第 145~152 条

★★ **第一百六十一条　【听取辩护律师意见】** 在案件侦查终结前，辩护律师提出要求的，侦查机关应当听取辩护律师的意见，并记录在案。辩护律师提出书面意见的，应当附卷。

注 释

犯罪嫌疑人在侦查期间有权委托律师为其进行辩护，辩护律师在侦查阶段亦担当着保障犯罪嫌疑人合法权益的任务。同时，辩护律师有向侦查机关提出意见的权利。

☆☆ **第一百六十二条** **【侦查终结】**公安机关侦查终结的案件，应当做到犯罪事实清楚，证据确实、充分，并且写出起诉意见书，连同案卷材料、证据一并移送同级人民检察院审查决定；同时将案件移送情况告知犯罪嫌疑人及其辩护律师。

犯罪嫌疑人自愿认罪的，应当记录在案，随案移送，并在起诉意见书中写明有关情况。

☞ **相关法条**

《公安部规定》第 283～289 条

★★ **第一百六十三条** **【撤销案件及其处理】**在侦查过程中，发现不应对犯罪嫌疑人追究刑事责任的，应当撤销案件；犯罪嫌疑人已被逮捕的，应当立即释放，发给释放证明，并且通知原批准逮捕的人民检察院。

注释

根据本法第 16 的规定，在侦查过程中发现有下列情形之一的，应当撤销案件：情节显著轻微、危害不大，不认为是犯罪的；犯罪已过追诉时效期限的；经特赦令免除刑罚的；依照刑法告诉才处理的犯罪，没有告诉或者撤回告诉的；犯罪嫌疑人、被告人死亡的；其他法律规定免予追究刑事责任的。

☞ **相关法条**

《高检规则》第242~249条

《公安部规定》第186~190条

第十一节　人民检察院对直接受理的案件的侦查

第一百六十四条　【检察院自侦案件的法律适用】 人民检察院对直接受理的案件的侦查适用本章规定。

★★ **第一百六十五条　【检察院自侦案件的逮捕、拘留】** 人民检察院直接受理的案件中符合本法第八十一条、第八十二条第四项、第五项规定情形，需要逮捕、拘留犯罪嫌疑人的，由人民检察院作出决定，由公安机关执行。

第一百六十六条　【检察院自侦案件中对被拘留人的讯问】 人民检察院对直接受理的案件中被拘留的人，应当在拘留后的二十四小时以内进行讯问。在发现不应当拘留的时候，必须立即释放，发给释放证明。

第一百六十七条　【检察院自侦案件决定逮捕的期限】 人民检察院对直接受理的案件中被拘留的人，

认为需要逮捕的，应当在十四日以内作出决定。在特殊情况下，决定逮捕的时间可以延长一日至三日。对不需要逮捕的，应当立即释放；对需要继续侦查，并且符合取保候审、监视居住条件的，依法取保候审或者监视居住。

第一百六十八条　【检察院自侦案件侦查终结的处理】 人民检察院侦查终结的案件，应当作出提起公诉、不起诉或者撤销案件的决定。

第三章　提起公诉

★ **第一百六十九条　【检察院审查决定公诉】** 凡需要提起公诉的案件，一律由人民检察院审查决定。

注释

"由人民检察院审查决定"包括两层含义：一是人民检察院对于前述机关移送起诉的案件应依法全面进行审查；二是人民检察院应根据对案件审查的具体情况和结果，依法作出起诉或不起诉的决定。

☞ **相关法条**

《高检规则》第328条

☆☆ 第一百七十条　【对监察机关移送起诉案件的审查】人民检察院对于监察机关移送起诉的案件，依照本法和监察法的有关规定进行审查。人民检察院经审查，认为需要补充核实的，应当退回监察机关补充调查，必要时可以自行补充侦查。

对于监察机关移送起诉的已采取留置措施的案件，人民检察院应当对犯罪嫌疑人先行拘留，留置措施自动解除。人民检察院应当在拘留后的十日以内作出是否逮捕、取保候审或者监视居住的决定。在特殊情况下，决定的时间可以延长一日至四日。人民检察院决定采取强制措施的期间不计入审查起诉期限。

第一百七十一条　【审查起诉的内容】人民检察院审查案件的时候，必须查明：

（一）犯罪事实、情节是否清楚，证据是否确实、充分，犯罪性质和罪名的认定是否正确；

（二）有无遗漏罪行和其他应当追究刑事责任的人；

（三）是否属于不应追究刑事责任的；

（四）有无附带民事诉讼；

（五）侦查活动是否合法。

第一百七十二条　【审查起诉的期限】人民检察院对于监察机关、公安机关移送起诉的案件，应当在一个月以内作出决定，重大、复杂的案件，可以延长十五日；犯罪嫌疑人认罪认罚，符合速裁程序适用条件的，应当在十日以内作出决定，对可能判处的有期徒刑超过一年的，可以延长至十五日。

人民检察院审查起诉的案件，改变管辖的，从改变后的人民检察院收到案件之日起计算审查起诉期限。

注释

根据本法第 222 条的规定，速裁程序的适用范围为：基层人民法院管辖的可能判处 3 年有期徒刑以下刑罚的案件，案件事实清楚，证据确实、充分，被告人认罪认罚并同意适用速裁程序。

第一百七十三条　【审查起诉的程序】人民检察院审查案件，应当讯问犯罪嫌疑人，听取辩护人或者值班律师、被害人及其诉讼代理人的意见，并记录在案。辩护人或者值班律师、被害人及其诉讼代理人提出书面意见的，应当附卷。

犯罪嫌疑人认罪认罚的，人民检察院应当告知其享有的诉讼权利和认罪认罚的法律规定，听取犯罪嫌疑人、辩护人或者值班律师、被害人及其诉讼代理人对下列事项的意见，并记录在案：

（一）涉嫌的犯罪事实、罪名及适用的法律规定；

（二）从轻、减轻或者免除处罚等从宽处罚的建议；

（三）认罪认罚后案件审理适用的程序；

（四）其他需要听取意见的事项。

人民检察院依照前两款规定听取值班律师意见的，应当提前为值班律师了解案件有关情况提供必要的便利。

☞ **相关法条**

《高检规则》第331~339条

第一百七十四条 【认罪认罚具结书的签署】 犯罪嫌疑人自愿认罪，同意量刑建议和程序适用的，应当在辩护人或者值班律师在场的情况下签署认罪认罚具结书。

犯罪嫌疑人认罪认罚，有下列情形之一的，不需要签署认罪认罚具结书：

（一）犯罪嫌疑人是盲、聋、哑人，或者是尚未完全丧失辨认或者控制自己行为能力的精神病人的；

（二）未成年犯罪嫌疑人的法定代理人、辩护人对未成年人认罪认罚有异议的；

（三）其他不需要签署认罪认罚具结书的情形。

注释

签署具结书是适用认罪认罚从宽制度的必要条件，也是人民法院最终认定认罪认罚自愿性、真实性和合法性的重要依据。对于特殊的犯罪嫌疑人，本条规定了不需要签署认罪认罚具结书的情形，但并不意味着这些情况下不能适用认罪认罚从宽处理原则。签署认罪认罚具结书是犯罪嫌疑人对自己所犯罪行的确认，并愿意接受法律的制裁的承诺。如果由于特殊原因，无法签署具结书，但犯罪嫌疑人是自愿认罪认罚的，即使没有签署具结书，仍然可以依法从宽处理。

第一百七十五条　【证据收集合法性说明】【补充侦查】人民检察院审查案件，可以要求公安机关提供法庭审判所必需的证据材料；认为可能存在本法第五十六条规定的以非法方法收集证据情形的，可以要求其对证据收集的合法性作出说明。

人民检察院审查案件，对于需要补充侦查的，可以退回公安机关补充侦查，也可以自行侦查。

对于补充侦查的案件，应当在一个月以内补充侦查完毕。补充侦查以二次为限。补充侦查完毕移送人民检察院后，人民检察院重新计算审查起诉期限。

对于二次补充侦查的案件，人民检察院仍然认为证据不足，不符合起诉条件的，应当作出不起诉的决定。

☞ **相关法条**

《高检规则》第340~350条

☆☆ 第一百七十六条 【提起公诉的条件和程序】 人民检察院认为犯罪嫌疑人的犯罪事实已经查清，证据确实、充分，依法应当追究刑事责任的，应当作出起诉决定，按照审判管辖的规定，向人民法院提起公诉，并将案卷材料、证据移送人民法院。

犯罪嫌疑人认罪认罚的，人民检察院应当就主刑、附加刑、是否适用缓刑等提出量刑建议，并随案移送认罪认罚具结书等材料。

注释

在认罪认罚案件中，人民检察院应当提出对犯罪嫌疑人的量刑建议。原因在于，对于认罪认罚案件，一方面，犯罪嫌疑人同意检察机关的量刑建议是适用认罪认罚的前提条件，因而检察机关必须提出量刑建议。另一方面，检察机关的量刑建议具有一定的法律效力，对未来法院判处刑罚具有显著的约束作用，也是对犯罪嫌疑人量刑预期一定程度的法律保护。

☞ 相关法条

《六机关规定》第 24 条

《高检规则》第 364 条

第一百七十七条　【不起诉的条件】 犯罪嫌疑人没有犯罪事实，或者有本法第十六条规定的情形之一的，人民检察院应当作出不起诉决定。

对于犯罪情节轻微，依照刑法规定不需要判处刑罚或者免除刑罚的，人民检察院可以作出不起诉决定。

人民检察院决定不起诉的案件，应当同时对侦查中查封、扣押、冻结的财物解除查封、扣押、冻结。对被不起诉人需要给予行政处罚、处分或者需要没收其违法所得的，人民检察院应当提出检察意见，移送有关主管机关处理。有关主管机关应当将处理结果及时通知人民检察院。

注释

"依照刑法规定不需要判处刑罚"是指《刑法》第 37 条规定的，对于犯罪情节轻微不需要判处刑罚的，可以免予刑事处罚；依照刑法"免除刑罚"则是指刑法中的免除刑罚的具体规定，如又聋又哑或者盲人或者未成年人犯罪的、正当防卫、紧急避险、犯罪预备、自首、立功，等等。

☞ **相关法条**

《高检规则》第 365~370 条

★ **第一百七十八条　【不起诉决定的宣布与释放被不起诉人】**不起诉的决定，应当公开宣布，并且将不起诉决定书送达被不起诉人和他的所在单位。如果被不起诉人在押，应当立即释放。

☞ **相关法条**

《高检规则》第 372~376 条

《公安部规定》第 293 条

第一百七十九条　【公安机关对不起诉决定的异议】对于公安机关移送起诉的案件，人民检察院决定不起诉的，应当将不起诉决定书送达公安机关。公安机关认为不起诉的决定有错误的时候，可以要求复议，如果意见不被接受，可以向上一级人民检察院提请复核。

☞ **相关法条**

《高检规则》第 379、380 条

★★ **第一百八十条　【被害人对不起诉决定的异议】**对于有被害人的案件，决定不起诉的，人民检察院应当将不起诉决定书送达被害人。被害人如果不服，可以自收到决定书后七日以内向上一级人民检察院申诉，请求提起公诉。人民检察院应当将复查决定告知被害人。对人民检察院维持不起诉决定的，被害人可以向人民法院起诉。被害人也可以不经申诉，直接向人民法院起诉。人民法院受理案件后，人民检察院应当将有关案件材料移送人民法院。

注 释

被害人是受到犯罪行为侵害的直接对象，检察机关是否提起公诉关系到被害人切身利益，因此对于人民检察院的不起诉决定，赋予被害人对不起诉决定的异议和救济途径是保障其合法权益的重要途径之一。

☞ **相关法条**

《高检规则》第381~384条

★★ **第一百八十一条　【被不起诉人对不起诉决定的异议】** 对于人民检察院依照本法第一百七十七条第二款规定作出的不起诉决定，被不起诉人如果不服，可以自收到决定书后七日以内向人民检察院申诉。人民检察院应当作出复查决定，通知被不起诉的人，同时抄送公安机关。

注 释

人民检察院的“复查决定”包括三种情况：第一，维持不起诉决定；第二，撤销原不起诉决定并依照本法第 177 条第 1 款作出不起诉决定；第三，认为被不起诉人构成犯罪，不应适用第 177 条第 1 款规定的，应撤销原不起诉决定并提起公诉。

☞ 相关法条

《高检规则》第 385~389 条

☆☆ 第一百八十二条 【最高人民检察院核准的撤销案件与不起诉】 犯罪嫌疑人自愿如实供述涉嫌犯罪的事实，有重大立功或者案件涉及国家重大利益的，经最高人民检察院核准，公安机关可以撤销案件，人民检察院可以作出不起诉决定，也可以对涉嫌数罪中的一项或者多项不起诉。

根据前款规定不起诉或者撤销案件的，人民检察院、公安机关应当及时对查封、扣押、冻结的财物及其孳息作出处理。

▶▶小测试◀◀①

1. 对于自诉案件，被害人有权向人民法院直接起诉。被害人死亡或者丧失行为能力的，被害人的法定代理人、近亲属有权向人民法院起诉。(　　)

---

① 【答案】1. √。2. √。3. A。4. ABCD。5. 二个月；一个月。6. 审查起诉期限。

2. 侦查人员在讯问犯罪嫌疑人的时候，可以对讯问过程进行录音或者录像；对于可能判处无期徒刑、死刑的案件或者其他重大犯罪案件，应当对讯问过程进行录音或者录像。(　　)

3. 搜查妇女的身体，应当由（　　）进行。

A. 女工作人员　　B. 女医生

C. 工作人员　　D. 侦查人员

4. 公安机关在立案后，对于（　　）或者其他严重危害社会的犯罪案件，根据侦查犯罪的需要，经过严格的批准手续，可以采取技术侦查措施。

A. 危害国家安全犯罪　　B. 恐怖活动犯罪

C. 黑社会性质的组织犯罪　　D. 重大毒品犯罪

5. 对犯罪嫌疑人逮捕后的侦查羁押期限不得超过________。案情复杂、期限届满不能终结的案件，可以经上一级人民检察院批准延长________。

6. 人民检察院审查起诉的案件，改变管辖的，从改变后的人民检察院收到案件之日起计算________。

第三编　审　　判

第一章　审 判 组 织

第一百八十三条　【合议庭组成与独任审判】 基层人民法院、中级人民法院审判第一审案件，应当由审判员三人或者由审判员和人民陪审员共三人或者七人组成合议庭进行，但是基层人民法院适用简易程序、速裁程序的案件可以由审判员一人独任审判。

高级人民法院审判第一审案件，应当由审判员三人至七人或者由审判员和人民陪审员共三人或者七人组成合议庭进行。

最高人民法院审判第一审案件，应当由审判员三人至七人组成合议庭进行。

人民法院审判上诉和抗诉案件，由审判员三人或者五人组成合议庭进行。

合议庭的成员人数应当是单数。

☞ 相关法条

《人民陪审员法》

《高法解释》第212、213、215条

第一百八十四条　【合议庭评议规则】合议庭进行评议的时候，如果意见分歧，应当按多数人的意见作出决定，但是少数人的意见应当写入笔录。评议笔录由合议庭的组成人员签名。

第一百八十五条　【合议庭评议案件与审判委员会讨论决定案件】合议庭开庭审理并且评议后，应当作出判决。对于疑难、复杂、重大的案件，合议庭认为难以作出决定的，由合议庭提请院长决定提交审判委员会讨论决定。审判委员会的决定，合议庭应当执行。

注释

"疑难、复杂、重大"的案件是指如下三种情形：一是案情特殊，难以把握定罪量刑的尺度；二是案情复杂，一般是犯罪关系复杂、证据繁多交叉等；三是犯罪性质严重、社会影响很大。

☞ 相关法条

《高法解释》第216、217条

第二章　第一审程序

第一节　公 诉 案 件

☆☆ **第一百八十六条　【庭前审查】** 人民法院对提起公诉的案件进行审查后，对于起诉书中有明确的指控犯罪事实的，应当决定开庭审判。

☞ **相关法条**

《六机关规定》第 25 条

《高法解释》第 218、219 条

☆ **第一百八十七条　【开庭前的准备】** 人民法院决定开庭审判后，应当确定合议庭的组成人员，将人民检察院的起诉书副本至迟在开庭十日以前送达被告人及其辩护人。

在开庭以前，审判人员可以召集公诉人、当事人和辩护人、诉讼代理人，对回避、出庭证人名单、非法证据排除等与审判相关的问题，了解情况，听取意见。

人民法院确定开庭日期后，应当将开庭的时间、地点通知人民检察院，传唤当事人，通知辩护人、诉讼代理人、证人、鉴定人和翻译人员，传票和通知书至迟在开庭三日以前送达。公开审判的案件，应当在开庭三日以前先期公布案由、被告人姓名、开庭时间和地点。

上述活动情形应当写入笔录，由审判人员和书记员签名。

☞ **相关法条**

《高法解释》第221条

第一百八十八条 【公开审理与不公开审理】 人民法院审判第一审案件应当公开进行。但是有关国家秘密或者个人隐私的案件，不公开审理；涉及商业秘密的案件，当事人申请不公开审理的，可以不公开审理。

不公开审理的案件，应当当庭宣布不公开审理的理由。

注释

不公开审理的情形有二：一是应当不公开审理的情形，是指有关国家秘密或者个人隐私的案件；二是可以不公开审理的情形，是指涉及商业秘密且当事人申请不公开审理的案件。不公开审理的案件，是指审判过程不公开，不允许群众旁听，不允许媒体报道，但宣判应一律公开进行。

☞ **相关法条**

《高法解释》第222、223条

第一百八十九条　【检察院派员出庭】人民法院审判公诉案件，人民检察院应当派员出席法庭支持公诉。

★★ **第一百九十条　【开庭】**开庭的时候，审判长查明当事人是否到庭，宣布案由；宣布合议庭的组成人员、书记员、公诉人、辩护人、诉讼代理人、鉴定人和翻译人员的名单；告知当事人有权对合议庭组成人员、书记员、公诉人、鉴定人和翻译人员申请回避；告知被告人享有辩护权利。

被告人认罪认罚的，审判长应当告知被告人享有的诉讼权利和认罪认罚的法律规定，审查认罪认罚的自愿性和认罪认罚具结书内容的真实性、合法性。

☞ **相关法条**

《高法解释》第235~239条

★★ **第一百九十一条　【宣读起诉书与讯问、发问被告人】**公诉人在法庭上宣读起诉书后，被告人、被害人可以就起诉书指控的犯罪进行陈述，公诉人可以讯问被告人。

被害人、附带民事诉讼的原告人和辩护人、诉讼代理人，经审判长许可，可以向被告人发问。

审判人员可以讯问被告人。

☞ **相关法条**

《高法解释》第240~245条

☆☆ 第一百九十二条 【证人出庭】【鉴定人出庭】 公诉人、当事人或者辩护人、诉讼代理人对证人证言有异议，且该证人证言对案件定罪量刑有重大影响，人民法院认为证人有必要出庭作证的，证人应当出庭作证。

人民警察就其执行职务时目击的犯罪情况作为证人出庭作证，适用前款规定。

公诉人、当事人或者辩护人、诉讼代理人对鉴定意见有异议，人民法院认为鉴定人有必要出庭的，鉴定人应当出庭作证。经人民法院通知，鉴定人拒不出庭作证的，鉴定意见不得作为定案的根据。

注释

此处的“异议”既包括对证人证言的证据能力的质疑，也包括对证人证言的证明力的质疑。控辩双方“异议”的提出必须采用明示的方式，既可以采用书面方式提起，也可以采用口头方式提起，既可以在庭审前提出，也可以在庭审质证时提出，但不得是默示。如在庭审中，控辩双方未明确表达对证人证言的异议，则应视其无异议。

☞ **相关法条**

《六机关规定》第29条

《高法解释》第246、247、249~253条

☆☆ 第一百九十三条 【强制证人到庭及其例外】【对无正当理由拒绝作证的处罚】 经人民法院通知，证人没有正当理由不出庭作证的，人民法院可以强制其到庭，但是被告人的配偶、父母、子女除外。

证人没有正当理由拒绝出庭或者出庭后拒绝作证的，予以训诫，情节严重的，经院长批准，处以十日以下的拘留。被处罚人对拘留决定不服的，可以向上一级人民法院申请复议。复议期间不停止执行。

☞ **相关法条**

《高法解释》第255条

★★ 第一百九十四条 【对出庭证人、鉴定人的发问与询问】 证人作证，审判人员应当告知他要如实地提供证言和有意作伪证或者隐匿罪证要负的法律责任。公诉人、当事人和辩护人、诉讼代理人经审判长许可，可以对证人、鉴定人发问。审判长认为发问的内容与案件无关的时候，应当制止。

审判人员可以询问证人、鉴定人。

注释

证人作证前，审判人员应告知其要如实作证，并告知其故意作伪证或者隐匿罪证需要负的法律责任。这里的法律责任，主要是指我国《刑法》第305条规定的伪证罪及其刑事责任。

☞ **相关法条**

《高法解释》第258~265条

第一百九十五条　【调查核实实物证据与未到庭证人、鉴定人的言词证据】公诉人、辩护人应当向法庭出示物证，让当事人辨认，对未到庭的证人的证言笔录、鉴定人的鉴定意见、勘验笔录和其他作为证据的文书，应当当庭宣读。审判人员应当听取公诉人、当事人和辩护人、诉讼代理人的意见。

☞ **相关法条**

《高法解释》第267~270条

★ **第一百九十六条　【庭外调查核实证据】**法庭审理过程中，合议庭对证据有疑问的，可以宣布休庭，对证据进行调查核实。

人民法院调查核实证据，可以进行勘验、检查、查封、扣押、鉴定和查询、冻结。

☞ **相关法条**

《高法解释》第79、271条

★★ 第一百九十七条　【调取新证据】【申请通知专业人士出庭】 法庭审理过程中，当事人和辩护人、诉讼代理人有权申请通知新的证人到庭，调取新的物证，申请重新鉴定或者勘验。

公诉人、当事人和辩护人、诉讼代理人可以申请法庭通知有专门知识的人出庭，就鉴定人作出的鉴定意见提出意见。

法庭对于上述申请，应当作出是否同意的决定。

第二款规定的有专门知识的人出庭，适用鉴定人的有关规定。

☞ **相关法条**

《高法解释》第260、272、273条

★★ 第一百九十八条　【法庭调查、法庭辩论与被告人最后陈述】 法庭审理过程中，对与定罪、量刑有关的事实、证据都应当进行调查、辩论。

经审判长许可，公诉人、当事人和辩护人、诉讼代理人可以对证据和案件情况发表意见并且可以互相辩论。

审判长在宣布辩论终结后，被告人有最后陈述的权利。

注 释

被告人发表最后陈述的权利应当在法庭辩论结束后。审判长应当告知并保证被告人的该项权利。在最后陈述阶段，被告人可以提出自己罪与非罪、此罪与彼罪、罪重与罪轻的意见，可以申请法庭调查核对证据，可以表达自己认罪态度、请求法庭宽大处理等。

☞ **相关法条**

《高法解释》第276、280~288条

★★ **第一百九十九条 【对违反法庭秩序的处理】** 在法庭审判过程中，如果诉讼参与人或者旁听人员违反法庭秩序，审判长应当警告制止。对不听制止的，可以强行带出法庭；情节严重的，处以一千元以下的罚款或者十五日以下的拘留。罚款、拘留必须经院长批准。被处罚人对罚款、拘留的决定不服的，可以向上一级人民法院申请复议。复议期间不停止执行。

对聚众哄闹、冲击法庭或者侮辱、诽谤、威胁、殴打司法工作人员或者诉讼参与人，严重扰乱法庭秩序，构成犯罪的，依法追究刑事责任。

☞ **相关法条**

《高法解释》第306~310条

第二百条 【评议与判决】 在被告人最后陈述后，审判长宣布休庭，合议庭进行评议，根据已经查明的事实、证据和有关的法律规定，分别作出以下判决：

（一）案件事实清楚，证据确实、充分，依据法律认定被告人有罪的，应当作出有罪判决；

（二）依据法律认定被告人无罪的，应当作出无罪判决；

（三）证据不足，不能认定被告人有罪的，应当作出证据不足、指控的犯罪不能成立的无罪判决。

☞ **相关法条**

《高法解释》第291、294~298条

第二百零一条 【认罪认罚案件的判决】 对于认罪认罚案件，人民法院依法作出判决时，一般应当采纳人民检察院指控的罪名和量刑建议，但有下列情形的除外：

（一）被告人的行为不构成犯罪或者不应当追究其刑事责任的；

（二）被告人违背意愿认罪认罚的；

（三）被告人否认指控的犯罪事实的；

（四）起诉指控的罪名与审理认定的罪名不一致的；

（五）其他可能影响公正审判的情形。

人民法院经审理认为量刑建议明显不当，或者被告人、辩护人对量刑建议提出异议的，人民检察院可以调整量刑建议。人民检察院不调整量刑建议或者调整量刑建议后仍然明显不当的，人民法院应当依法作出判决。

☆ **第二百零二条　【宣告判决】**宣告判决，一律公开进行。

当庭宣告判决的，应当在五日以内将判决书送达当事人和提起公诉的人民检察院；定期宣告判决的，应当在宣告后立即将判决书送达当事人和提起公诉的人民检察院。判决书应当同时送达辩护人、诉讼代理人。

注释

宣判分为当庭宣判和定期宣判两种情形，对于案情比较简单、刑罚处罚较轻的案件，合议庭经过讨论可以当庭作出判决的，可以当庭宣告判决；对于案情比较疑难、复杂、重大的，合议庭需要长时间讨论、评议的案件，需要另择日期宣告判决。

☞ **相关法条**

《高法解释》第302~304条

★★ **第二百零三条 【判决书署名与权利告知】** 判决书应当由审判人员和书记员署名，并且写明上诉的期限和上诉的法院。

☞ **相关法条**

《高法解释》第299~301条

★★ **第二百零四条 【延期审理】** 在法庭审判过程中，遇有下列情形之一，影响审判进行的，可以延期审理：

（一）需要通知新的证人到庭，调取新的物证，重新鉴定或者勘验的；

（二）检察人员发现提起公诉的案件需要补充侦查，提出建议的；

（三）由于申请回避而不能进行审判的。

☞ **相关法条**

《六机关规定》第30、31条

《高法解释》第274、277条

★★ **第二百零五条 【庭审中补充侦查期限】** 依照本法第二百零四条第二项的规定延期审理的案件，人民检察院应当在一个月以内补充侦查完毕。

☞ **相关法条**

《高检规则》第 422~425 条

☆☆ 第二百零六条　【中止审理】 在审判过程中，有下列情形之一，致使案件在较长时间内无法继续审理的，可以中止审理：

（一）被告人患有严重疾病，无法出庭的；

（二）被告人脱逃的；

（三）自诉人患有严重疾病，无法出庭，未委托诉讼代理人出庭的；

（四）由于不能抗拒的原因。

中止审理的原因消失后，应当恢复审理。中止审理的期间不计入审理期限。

注释

此处的“中止审理”，是指人民法院在审判过程中，在作出判决之前，出现了某些使审判在一定期限内无法继续进行的情况时，决定暂时停止案件审理，待有关情形消失后，再行恢复审判的活动。

☞ **相关法条**

《高法解释》第 314 条

★ **第二百零七条　【法庭笔录】**法庭审判的全部活动，应当由书记员写成笔录，经审判长审阅后，由审判长和书记员签名。

法庭笔录中的证人证言部分，应当当庭宣读或者交给证人阅读。证人在承认没有错误后，应当签名或者盖章。

法庭笔录应当交给当事人阅读或者向他宣读。当事人认为记载有遗漏或者差错的，可以请求补充或者改正。当事人承认没有错误后，应当签名或者盖章。

☞ **相关法条**

《高法解释》第292、293条

★★ **第二百零八条　【公诉案件的审限】**人民法院审理公诉案件，应当在受理后二个月以内宣判，至迟不得超过三个月。对于可能判处死刑的案件或者附带民事诉讼的案件，以及有本法第一百五十八条规定情形之一的，经上一级人民法院批准，可以延长三个月；因特殊情况还需要延长的，报请最高人民法院批准。

人民法院改变管辖的案件，从改变后的人民法院收到案件之日起计算审理期限。

人民检察院补充侦查的案件，补充侦查完毕移送人民法院后，人民法院重新计算审理期限。

注释

以下案件经上一级人民法院批准可以延长3个月，即至迟不得超过6个月：可能判处死刑的案件；附带民事诉讼的案件；交通十分不便的边远地区的重大复杂案件；重大的犯罪集团案件；流窜作案的重大复杂案件；犯罪涉及面广，取证困难的重大复杂案件。

★ **第二百零九条　【检察院对法庭审理的法律监督】** 人民检察院发现人民法院审理案件违反法律规定的诉讼程序，有权向人民法院提出纠正意见。

☞ **相关法条**

《六机关规定》第32条

第二节　自 诉 案 件

★★ **第二百一十条　【自诉案件适用范围】** 自诉案件包括下列案件：

（一）告诉才处理的案件；

（二）被害人有证据证明的轻微刑事案件；

（三）被害人有证据证明对被告人侵犯自己人身、财产权利的行为应当依法追究刑事责任，而公安机关或者人民检察院不予追究被告人刑事责任的案件。

☞ **相关法条**

《高法解释》第1条、第316~319条

☆☆ **第二百一十一条　【自诉案件审查后的处理】** 人民法院对于自诉案件进行审查后，按照下列情形分别处理：

（一）犯罪事实清楚，有足够证据的案件，应当开庭审判；

（二）缺乏罪证的自诉案件，如果自诉人提不出补充证据，应当说服自诉人撤回自诉，或者裁定驳回。

自诉人经两次依法传唤，无正当理由拒不到庭的，或者未经法庭许可中途退庭的，按撤诉处理。

法庭审理过程中，审判人员对证据有疑问，需要调查核实的，适用本法第一百九十六条的规定。

☞ **相关法条**

《高法解释》第320~327条

☆☆ **第二百一十二条　【自诉案件的调解、和解与撤诉】【自诉案件的审限】** 人民法院对自诉案件，可以进行调解；自诉人在宣告判决前，可以同被告人自行和解或者撤回自诉。本法第二百一十条第三项规定的案件不适用调解。

人民法院审理自诉案件的期限，被告人被羁押的，适用本法第二百零八条第一款、第二款的规定；未被羁押的，应当在受理后六个月以内宣判。

注释

一般情况下，人民法院鼓励调解，但调解不是必需程序，人民法院也可以不经调解直接判决。刑事调解是刑事自诉案件双方当事人在法院主持的调解下，达成调解协议，并由法院制作调解书的活动。刑事调解是法院结案的一种方式。

☞ **相关法条**

《高法解释》第328~331条

★★ **第二百一十三条　【自诉案件中的反诉】**自诉案件的被告人在诉讼过程中，可以对自诉人提起反诉。反诉适用自诉的规定。

☞ **相关法条**

《高法解释》第334条

第三节　简易程序

★★ **第二百一十四条　【简易程序的适用条件】**基层人民法院管辖的案件，符合下列条件的，可以适用简易程序审判：

（一）案件事实清楚、证据充分的；

（二）被告人承认自己所犯罪行，对指控的犯罪事实没有异议的；

（三）被告人对适用简易程序没有异议的。

人民检察院在提起公诉的时候，可以建议人民法院适用简易程序。

☞ **相关法条**

《高法解释》第359条

生活小案例

某县人民法院经过审查认为某盗窃案符合适用简易程序的条件，于是决定适用简易程序进行审理。在法庭审理过程中，被告人张某当庭翻供，对于起诉书指控的犯罪事实予以否认，但法院认为张某翻供毫无道理，于是继续适用简易程序审理此案。问：本案中法院的行为有无不当之处，并说明理由。

答：人民法院不应在被告人当庭翻供的情况下继续适用简易程序审理案件。适用简易程序审理的案件，在法庭审理过程中，公诉案件的被告人当庭翻供，对于起诉书指控的犯罪事实予以否认的，法院应当决定中止审理，并按公诉案件的第一审普通程序重新审理。

☆☆ 第二百一十五条　【不适用简易程序的情形】 有下列情形之一的，不适用简易程序：

（一）被告人是盲、聋、哑人，或者是尚未完全丧失辨认或者控制自己行为能力的精神病人的；

（二）有重大社会影响的；

（三）共同犯罪案件中部分被告人不认罪或者对适用简易程序有异议的；

（四）其他不宜适用简易程序审理的。

注释

被告人“不认罪”，是指被告人不承认自己的行为构成犯罪或不承认有犯罪事实。共同犯罪案件中部分被告人不认罪或对适用简易程序有异议，哪怕一个被告人不认罪或不同意适用简易程序审理，均不能适用简易程序。这项规定主要是考虑共同犯罪案件往往案情较为复杂，证据相互关联，被告人供述也需要相互印证，体现出立法的慎重。本条从人权保护、社会危害性大小、被告人的主观恶性强弱等诸多方面考量，排除不适合进行简易程序的情形，以确保诉讼程序合法有序进行。

☞ **相关法条**

《高法解释》第 360 条

☆☆ **第二百一十六条　【简易程序的审判组织】【公诉案件检察院派员出庭】** 适用简易程序审理案件，对可能判处三年有期徒刑以下刑罚的，可以组成合议庭进行审判，也可以由审判员一人独任审判；对可能判处的有期徒刑超过三年的，应当组成合议庭进行审判。

适用简易程序审理公诉案件，人民检察院应当派员出席法庭。

注释

对于适用简易程序审理公诉案件，人民检察院应当派员出席法庭。此规定强调了检察机关公诉职能，体现了简易程序的严肃性和立法的慎重。检察机关派员出庭支持公诉，有利于在法庭上查明案件事实真相、调查核实证据，行使宪法赋予的法律监督职能，为下一步是否抗诉作准备。

★★ 第二百一十七条 【简易程序的法庭调查】 适用简易程序审理案件，审判人员应当询问被告人对指控的犯罪事实的意见，告知被告人适用简易程序审理的法律规定，确认被告人是否同意适用简易程序审理。

☞ **相关法条**

《高法解释》第 364 条

★ 第二百一十八条 【简易程序的法庭辩论】 适用简易程序审理案件，经审判人员许可，被告人及其辩护人可以同公诉人、自诉人及其诉讼代理人互相辩论。

☆ **第二百一十九条　【简易程序的程序简化及保留】** 适用简易程序审理案件，不受本章第一节关于送达期限、讯问被告人、询问证人、鉴定人、出示证据、法庭辩论程序规定的限制。但在判决宣告前应当听取被告人的最后陈述意见。

☞ **相关法条**

《高法解释》第 365 条

☆☆ **第二百二十条　【简易程序的审限】** 适用简易程序审理案件，人民法院应当在受理后二十日以内审结；对可能判处的有期徒刑超过三年的，可以延长至一个半月。

☆ **第二百二十一条　【转化普通程序】** 人民法院在审理过程中，发现不宜适用简易程序的，应当按照本章第一节或者第二节的规定重新审理。

注释

“不宜适用简易程序的”，是指不再满足本法第 214 条关于适用简易程序的三个条件，即案件事实清楚、证据充分；被告人承认自己所犯罪行，对指控的犯罪事实没有异议；被告人对适用简易程序没有异议的。此外，如果发生了本法第 215 条规定的适用简易程序的排除性规定，也不再适用简易程序，即被告人是盲、聋、哑人，或者是尚未完全丧失辨认或者控制自己行为能力的精神病人的；有重大社会影响的；共同犯罪案件中部分被告人不认罪或者对适用简易程序有异议的；其他不宜适用简易程序审理的。

☞ **相关法条**

《高法解释》第368条

第四节 速裁程序

第二百二十二条 【速裁程序的适用范围】 基层人民法院管辖的可能判处三年有期徒刑以下刑罚的案件，案件事实清楚，证据确实、充分，被告人认罪认罚并同意适用速裁程序的，可以适用速裁程序，由审判员一人独任审判。

人民检察院在提起公诉的时候，可以建议人民法院适用速裁程序。

第二百二十三条 【不适用速裁程序的情形】 有下列情形之一的，不适用速裁程序：

（一）被告人是盲、聋、哑人，或者是尚未完全丧失辨认或者控制自己行为能力的精神病人的；

（二）被告人是未成年人的；

（三）案件有重大社会影响的；

（四）共同犯罪案件中部分被告人对指控的犯罪事实、罪名、量刑建议或者适用速裁程序有异议的；

（五）被告人与被害人或者其法定代理人没有就附带民事诉讼赔偿等事项达成调解或者和解协议的；

（六）其他不宜适用速裁程序审理的。

注释

适用速裁程序审理的案件，一般来说社会危害性不大、案情简单，且审判员一人独任审判，不需要合议庭的讨论和评议，有条件当庭宣告判决，以实现速裁程序提高诉讼效率之功能。

☆☆ **第二百二十四条　【速裁程序的程序简化】**适用速裁程序审理案件，不受本章第一节规定的送达期限的限制，一般不进行法庭调查、法庭辩论，但在判决宣告前应当听取辩护人的意见和被告人的最后陈述意见。

适用速裁程序审理案件，应当当庭宣判。

☆☆ **第二百二十五条　【速裁程序的审限】**适用速裁程序审理案件，人民法院应当在受理后十日以内审结；对可能判处的有期徒刑超过一年的，可以延长至十五日。

☆☆ **第二百二十六条　【速裁程序的变更及重新审理】** 人民法院在审理过程中，发现有被告人的行为不构成犯罪或者不应当追究其刑事责任、被告人违背意愿认罪认罚、被告人否认指控的犯罪事实或者其他不宜适用速裁程序审理的情形的，应当按照本章第一节或者第三节的规定重新审理。

第三章　第二审程序

☆☆ **第二百二十七条　【上诉主体及上诉权保障】** 被告人、自诉人和他们的法定代理人，不服地方各级人民法院第一审的判决、裁定，有权用书状或者口头向上一级人民法院上诉。被告人的辩护人和近亲属，经被告人同意，可以提出上诉。

附带民事诉讼的当事人和他们的法定代理人，可以对地方各级人民法院第一审的判决、裁定中的附带民事诉讼部分，提出上诉。

对被告人的上诉权，不得以任何借口加以剥夺。

☞ **相关法条**

《高法解释》第 378 条

★ **第二百二十八条　【抗诉主体】** 地方各级人民检察院认为本级人民法院第一审的判决、裁定确有错误的时候，应当向上一级人民法院提出抗诉。

注释

人民检察院对同级人民法院第一审判决、裁定的抗诉，应当制作抗诉书通过原审人民法院向上一级人民法院提出，并将抗诉书副本连同案件材料报送上一级人民检察院。

★★ **第二百二十九条　【请求抗诉】** 被害人及其法定代理人不服地方各级人民法院第一审的判决的，自收到判决书后五日以内，有权请求人民检察院提出抗诉。人民检察院自收到被害人及其法定代理人的请求后五日以内，应当作出是否抗诉的决定并且答复请求人。

注释

公诉案件中被害人没有独立的上诉权，只有请求人民检察院抗诉的权利。

★★ **第二百三十条　【上诉、抗诉期限】** 不服判决的上诉和抗诉的期限为十日，不服裁定的上诉和抗诉的期限为五日，从接到判决书、裁定书的第二日起算。

☞ **相关法条**

《高法解释》第 380 条

⁂ **第二百三十一条　【上诉程序】** 被告人、自诉人、附带民事诉讼的原告人和被告人通过原审人民法院提出上诉的，原审人民法院应当在三日以内将上诉状连同案卷、证据移送上一级人民法院，同时将上诉状副本送交同级人民检察院和对方当事人。

被告人、自诉人、附带民事诉讼的原告人和被告人直接向第二审人民法院提出上诉的，第二审人民法院应当在三日以内将上诉状交原审人民法院送交同级人民检察院和对方当事人。

注释

上诉人直接向第二审人民法院提出上诉的，第二审人民法院应当在收到上诉状后 3 日内将上诉状交第一审人民法院。第一审人民法院应当审查上诉是否符合法律规定。符合法律规定的，应当在接到上诉状后 3 日内将上诉状连同案卷、证据移送上一级人民法院，并将上诉状副本送交同级人民检察院和对方当事人。

☞ **相关法条**

《高法解释》第 381、382 条

★★ **第二百三十二条　【抗诉程序】**地方各级人民检察院对同级人民法院第一审判决、裁定的抗诉，应当通过原审人民法院提出抗诉书，并且将抗诉书抄送上一级人民检察院。原审人民法院应当将抗诉书连同案卷、证据移送上一级人民法院，并且将抗诉书副本送交当事人。

上级人民检察院如果认为抗诉不当，可以向同级人民法院撤回抗诉，并且通知下级人民检察院。

☞ **相关法条**

《高法解释》第 384、385 条

☆☆ **第二百三十三条　【全面审查原则】**第二审人民法院应当就第一审判决认定的事实和适用法律进行全面审查，不受上诉或者抗诉范围的限制。

共同犯罪的案件只有部分被告人上诉的，应当对全案进行审查，一并处理。

☞ **相关法条**

《高法解释》第 388~391 条

☆☆ **第二百三十四条　【二审开庭审理与不开庭审理】**第二审人民法院对于下列案件，应当组成合议庭，开庭审理：

（一）被告人、自诉人及其法定代理人对第一审认定的事实、证据提出异议，可能影响定罪量刑的上诉案件；

（二）被告人被判处死刑的上诉案件；

（三）人民检察院抗诉的案件；

（四）其他应当开庭审理的案件。

第二审人民法院决定不开庭审理的，应当讯问被告人，听取其他当事人、辩护人、诉讼代理人的意见。

第二审人民法院开庭审理上诉、抗诉案件，可以到案件发生地或者原审人民法院所在地进行。

注 释

不开庭审理主要是出于节约诉讼资源、提高诉讼效率的考量。不开庭审理的案件，应当讯问被告人并听取其他当事人、辩护人、诉讼代理人的意见。合议庭全体成员应当阅卷，必要时应当提交书面阅卷意见。

☞ **相关法条**

《高法解释》第393、394、398~400条

★ **第二百三十五条　【二审检察院派员出庭】** 人民检察院提出抗诉的案件或者第二审人民法院开庭审理的公诉案件，同级人民检察院都应当派员出席法庭。第二审人民法院应当在决定开庭审理后及时通知人民

检察院查阅案卷。人民检察院应当在一个月以内查阅完毕。人民检察院查阅案卷的时间不计入审理期限。

第二百三十六条　【二审对一审判决的处理】第二审人民法院对不服第一审判决的上诉、抗诉案件，经过审理后，应当按照下列情形分别处理：

（一）原判决认定事实和适用法律正确、量刑适当的，应当裁定驳回上诉或者抗诉，维持原判；

（二）原判决认定事实没有错误，但适用法律有错误，或者量刑不当的，应当改判；

（三）原判决事实不清楚或者证据不足的，可以在查清事实后改判；也可以裁定撤销原判，发回原审人民法院重新审判。

原审人民法院对于依照前款第三项规定发回重新审判的案件作出判决后，被告人提出上诉或者人民检察院提出抗诉的，第二审人民法院应当依法作出判决或者裁定，不得再发回原审人民法院重新审判。

第二百三十七条　【上诉不加刑原则及其限制】第二审人民法院审理被告人或者他的法定代理人、辩护人、近亲属上诉的案件，不得加重被告人的刑罚。第二审人民法院发回原审人民法院重新审判的案件，除有新的犯罪事实，人民检察院补充起诉的以外，原审人民法院也不得加重被告人的刑罚。

人民检察院提出抗诉或者自诉人提出上诉的，不受前款规定的限制。

注释

人民法院贯彻上诉不加刑原则应当执行下列规定：(1) 同案审理的案件，只有部分被告人上诉的，既不得加重上诉人的刑罚，也不得加重其他同案被告人的刑罚；(2) 原判事实清楚，证据确实、充分，只是认定的罪名不当的，可以改变罪名，但不得加重刑罚；(3) 原判对被告人实行数罪并罚的，不得加重决定执行的刑罚，也不得加重数罪中某罪的刑罚；(4) 原判对被告人宣告缓刑的，不得撤销缓刑或者延长缓刑考验期；(5) 原判没有宣告禁止令的，不得增加宣告；原判宣告禁止令的，不得增加内容、延长期限；(6) 原判对被告人判处死刑缓期执行没有限制减刑的，不得限制减刑；(7) 原判事实清楚，证据确实、充分，但判处的刑罚畸轻、应当适用附加刑而没有适用的，不得直接加重刑罚、适用附加刑，也不得以事实不清、证据不足为由发回第一审人民法院重新审判。必须依法改判的，应当在第二审判决、裁定生效后，依照审判监督程序重新审判。

☞ 相关法条

《高法解释》第 401~403 条

☆☆ **第二百三十八条　【违反法定诉讼程序的处理】** 第二审人民法院发现第一审人民法院的审理有下列违反法律规定的诉讼程序的情形之一的，应当裁定撤销原判，发回原审人民法院重新审判：

（一）违反本法有关公开审判的规定的；

（二）违反回避制度的；

（三）剥夺或者限制了当事人的法定诉讼权利，可能影响公正审判的；

（四）审判组织的组成不合法的；

（五）其他违反法律规定的诉讼程序，可能影响公正审判的。

★★ **第二百三十九条　【重新审判】** 原审人民法院对于发回重新审判的案件，应当另行组成合议庭，依照第一审程序进行审判。对于重新审判后的判决，依照本法第二百二十七条、第二百二十八条、第二百二十九条的规定可以上诉、抗诉。

☞ **相关法条**

《高法解释》第 406 条

★ **第二百四十条　【二审对一审裁定的处理】** 第二审人民法院对不服第一审裁定的上诉或者抗诉，经过审查后，应当参照本法第二百三十六条、第二百三十八条和第二百三十九条的规定，分别情形用裁定驳回上诉、抗诉，或者撤销、变更原裁定。

★ **第二百四十一条 【发回重审案件审理期限的计算】**第二审人民法院发回原审人民法院重新审判的案件，原审人民法院从收到发回的案件之日起，重新计算审理期限。

★ **第二百四十二条 【二审法律程序适用】**第二审人民法院审判上诉或者抗诉案件的程序，除本章已有规定的以外，参照第一审程序的规定进行。

注释

第二审程序不同于第一审程序之处主要有：第一，不能适用简易程序或者速裁程序进行审理；第二，须组成合议庭进行审理，且合议庭成员仅由审判员组成，不包括人民陪审员；第三，除依法必须开庭审理的以外，可以不开庭审理，可以到案件发生地或者原审人民法院所在地进行审理；第四，人民检察院派员出庭的，应当通知人民检察院阅卷；第五，二审应对一审判决或裁定进行全面审查，查明一审判决或裁定认定事实、适用法律是否正确；第六，仅有被告方上诉的案件，不能加重被告人的刑罚；第七，审理作出的裁判是终审裁判，不得再上诉或抗诉，等等。除以上规定外，第二审人民法院审判上诉或者抗诉案件，参照第一审程序的规定进行。

☆☆ **第二百四十三条　【二审的审限】**第二审人民法院受理上诉、抗诉案件，应当在二个月以内审结。对于可能判处死刑的案件或者附带民事诉讼的案件，以及有本法第一百五十八条规定情形之一的，经省、自治区、直辖市高级人民法院批准或者决定，可以延长二个月；因特殊情况还需要延长的，报请最高人民法院批准。

最高人民法院受理上诉、抗诉案件的审理期限，由最高人民法院决定。

★ **第二百四十四条　【终审判决、裁定】**第二审的判决、裁定和最高人民法院的判决、裁定，都是终审的判决、裁定。

☆☆ **第二百四十五条　【查封、扣押、冻结财物及其孳息的保管与处理】**公安机关、人民检察院和人民法院对查封、扣押、冻结的犯罪嫌疑人、被告人的财物及其孳息，应当妥善保管，以供核查，并制作清单，随案移送。任何单位和个人不得挪用或者自行处理。对被害人的合法财产，应当及时返还。对违禁品或者不宜长期保存的物品，应当依照国家有关规定处理。

对作为证据使用的实物应当随案移送，对不宜移送的，应当将其清单、照片或者其他证明文件随案移送。

人民法院作出的判决，应当对查封、扣押、冻结的财物及其孳息作出处理。

人民法院作出的判决生效以后，有关机关应当根据判决对查封、扣押、冻结的财物及其孳息进行处理。对查封、扣押、冻结的赃款赃物及其孳息，除依法返还被害人的以外，一律上缴国库。

司法工作人员贪污、挪用或者私自处理查封、扣押、冻结的财物及其孳息的，依法追究刑事责任；不构成犯罪的，给予处分。

第四章　死刑复核程序

★★ 第二百四十六条　【死刑核准权】死刑由最高人民法院核准。

注释

我国死刑核准权只能由最高人民法院行使。死刑是最为严厉的刑罚，死刑立即执行判决一经执行即无法挽回。为了贯彻落实慎杀、少杀的刑事政策，严格控制死刑的适用，刑事诉讼法专章设立了死刑复核程序。需要注意的是，本条的“死刑”仅指死刑立即执行。

☆☆ **第二百四十七条　【死刑核准程序】**中级人民法院判处死刑的第一审案件，被告人不上诉的，应当由高级人民法院复核后，报请最高人民法院核准。高级人民法院不同意判处死刑的，可以提审或者发回重新审判。

高级人民法院判处死刑的第一审案件被告人不上诉的，和判处死刑的第二审案件，都应当报请最高人民法院核准。

☞ **相关法条**

《高法解释》第 423~427 条

《高检规则》第 602~611 条

★ **第二百四十八条　【死刑缓期二年执行核准权】**中级人民法院判处死刑缓期二年执行的案件，由高级人民法院核准。

★ **第二百四十九条　【死刑复核合议庭组成】**最高人民法院复核死刑案件，高级人民法院复核死刑缓期执行的案件，应当由审判员三人组成合议庭进行。

注释

死刑案件，无论是死刑立即执行还是死刑缓期二年执行，都是非常重大的案件，对审判组织的形式也有较高的要求。

具体而言：首先，死刑复核程序审判组织的形式只能是合议庭，而不能采取独任审判的方式；其次，该合议庭由审判员组成，不包括人民陪审员；最后，合议庭审判员的组成人数应当为3人。

☆☆ **第二百五十条　【最高法院复核后的处理】**最高人民法院复核死刑案件，应当作出核准或者不核准死刑的裁定。对于不核准死刑的，最高人民法院可以发回重新审判或者予以改判。

☞ **相关法条**

《高法解释》第429~432条

☆☆ **第二百五十一条　【最高法院复核的程序要求及最高检察院的监督】**最高人民法院复核死刑案件，应当讯问被告人，辩护律师提出要求的，应当听取辩护律师的意见。

在复核死刑案件过程中，最高人民检察院可以向最高人民法院提出意见。最高人民法院应当将死刑复核结果通报最高人民检察院。

☞ **相关法条**

《高法解释》第434~436条

第五章　审判监督程序

☆☆ **第二百五十二条　【申诉的主体和申诉的效力】** 当事人及其法定代理人、近亲属，对已经发生法律效力的判决、裁定，可以向人民法院或者人民检察院提出申诉，但是不能停止判决、裁定的执行。

☞ **相关法条**

《高法解释》第 451~455 条

☆☆ **第二百五十三条　【对申诉应当重新审判的法定情形】** 当事人及其法定代理人、近亲属的申诉符合下列情形之一的，人民法院应当重新审判：

（一）有新的证据证明原判决、裁定认定的事实确有错误，可能影响定罪量刑的；

（二）据以定罪量刑的证据不确实、不充分、依法应当予以排除，或者证明案件事实的主要证据之间存在矛盾的；

（三）原判决、裁定适用法律确有错误的；

（四）违反法律规定的诉讼程序，可能影响公正审判的；

（五）审判人员在审理该案件的时候，有贪污受贿，徇私舞弊，枉法裁判行为的。

注释

“新的证据”是指：（1）原判决、裁定生效后新发现的证据；（2）原判决、裁定生效前已经发现，但未予收集的证据；（3）原判决、裁定生效前已经收集，但未经质证的证据；（4）原判决、裁定所依据的鉴定意见，勘验、检查等笔录或者其他证据被改变或者否定的。“可能影响定罪量刑的”要求新的证据不仅能证明原判决、裁定在认定事实上有错误，并且前述事实认定错误可能会影响该案定罪量刑。

☞ **相关法条**

《高法解释》第457~459条

第二百五十四条　【提起再审的主体、方式和理由】各级人民法院院长对本院已经发生法律效力的判决和裁定，如果发现在认定事实上或者在适用法律上确有错误，必须提交审判委员会处理。

最高人民法院对各级人民法院已经发生法律效力的判决和裁定，上级人民法院对下级人民法院已经发生法律效力的判决和裁定，如果发现确有错误，有权提审或者指令下级人民法院再审。

最高人民检察院对各级人民法院已经发生法律效力的判决和裁定，上级人民检察院对下级人民法院已经发生法律效力的判决和裁定，如果发现确有错误，有权按照审判监督程序向同级人民法院提出抗诉。

人民检察院抗诉的案件，接受抗诉的人民法院应当组成合议庭重新审理，对于原判决事实不清楚或者证据不足的，可以指令下级人民法院再审。

☞ **相关法条**

《高法解释》第460~463条

★ **第二百五十五条　【再审法院】**上级人民法院指令下级人民法院再审的，应当指令原审人民法院以外的下级人民法院审理；由原审人民法院审理更为适宜的，也可以指令原审人民法院审理。

★★ **第二百五十六条　【再审的程序及效力】**人民法院按照审判监督程序重新审判的案件，由原审人民法院审理的，应当另行组成合议庭进行。如果原来是第一审案件，应当依照第一审程序进行审判，所作的判决、裁定，可以上诉、抗诉；如果原来是第二审案件，或者是上级人民法院提审的案件，应当依照第二审程序进行审判，所作的判决、裁定，是终审的判决、裁定。

人民法院开庭审理的再审案件，同级人民检察院应当派员出席法庭。

☞ **相关法条**

《高法解释》第 471、472 条

《高检规则》第 454~456 条

☆☆ **第二百五十七条　【再审中的强制措施】【中止原判决、裁定执行】** 人民法院决定再审的案件，需要对被告人采取强制措施的，由人民法院依法决定；人民检察院提出抗诉的再审案件，需要对被告人采取强制措施的，由人民检察院依法决定。

人民法院按照审判监督程序审判的案件，可以决定中止原判决、裁定的执行。

注释

人民法院对案件进行再审期间，不停止原判决、裁定的执行，但被告人可能经再审改判无罪，或者可能经再审减轻原判刑罚而致刑期届满的，可以决定中止原判决、裁定的执行。

☆☆ **第二百五十八条　【再审的审限】** 人民法院按照审判监督程序重新审判的案件，应当在作出提审、再审决定之日起三个月以内审结，需要延长期限的，不得超过六个月。

接受抗诉的人民法院按照审判监督程序审判抗诉

的案件，审理期限适用前款规定；对需要指令下级人民法院再审的，应当自接受抗诉之日起一个月以内作出决定，下级人民法院审理案件的期限适用前款规定。

☞ 相关法条

《刑事再审案件规定》第 25 条

▶▶小测试◀◀①

1. 经合议庭许可，公诉人、当事人和辩护人、诉讼代理人可以对证据和案件情况发表意见并且可以互相辩论。(　　)
2. 适用速裁程序审理案件，人民法院应当在受理后七日以内审结；对可能判处的有期徒刑超过一年的，可以延长至十五日。(　　)
3. 人民法院审理自诉案件，被告人未被羁押的，应当在受理后(　　)个月以内宣判。

A. 三　　　B. 五

C. 六　　　D. 七

4. 经人民法院通知，证人没有正当理由不出庭作证的，人民法院可以________其到庭，但是被告人的________除外。
5. 上级人民法院指令下级人民法院再审的，应当指令________以外的下级人民法院审理。

---

① 【答案】1. ×，解析：《刑事诉讼法》第 198 条第 2 款。2. ×，解析：《刑事诉讼法》第 225 条。3. C。4. 强制；配偶、父母、子女。5. 原审人民法院。

第四编　执　　行

☆☆ **第二百五十九条　【执行依据】**判决和裁定在发生法律效力后执行。

下列判决和裁定是发生法律效力的判决和裁定：

（一）已过法定期限没有上诉、抗诉的判决和裁定；

（二）终审的判决和裁定；

（三）最高人民法院核准的死刑的判决和高级人民法院核准的死刑缓期二年执行的判决。

注释

终审的判决、裁定即第二审的判决、裁定和最高人民法院的判决、裁定，包括中级、高级人民法院和最高人民法院对第二审案件的判决和裁定；最高人民法院是我国最高审判机关，其审理的第一审案件的判决和裁定也是终审的判决和裁定。

☆☆ **第二百六十条　【无罪、免除刑事处罚判决的执行】**第一审人民法院判决被告人无罪、免除刑事处罚的，如果被告人在押，在宣判后应当立即释放。

☆☆ **第二百六十一条　【执行死刑的命令签发】【死刑缓期执行的处理】**最高人民法院判处和核准的死刑立即执行的判决，应当由最高人民法院院长签发执行死刑的命令。

被判处死刑缓期二年执行的罪犯，在死刑缓期执行期间，如果没有故意犯罪，死刑缓期执行期满，应当予以减刑的，由执行机关提出书面意见，报请高级人民法院裁定；如果故意犯罪，情节恶劣，查证属实，应当执行死刑的，由高级人民法院报请最高人民法院核准；对于故意犯罪未执行死刑的，死刑缓期执行的期间重新计算，并报最高人民法院备案。

☞ **相关法条**

《高法解释》第497、498条

☆ **第二百六十二条　【死刑的停止执行】**下级人民法院接到最高人民法院执行死刑的命令后，应当在七日以内交付执行。但是发现有下列情形之一的，应当停止执行，并且立即报告最高人民法院，由最高人民法院作出裁定：

（一）在执行前发现判决可能有错误的；

（二）在执行前罪犯揭发重大犯罪事实或者有其他重大立功表现，可能需要改判的；

（三）罪犯正在怀孕。

前款第一项、第二项停止执行的原因消失后，必须报请最高人民法院院长再签发执行死刑的命令才能执行；由于前款第三项原因停止执行的，应当报请最高人民法院依法改判。

注释

在执行前发现判决可能有错误的，具体是指：（1）罪犯可能有其他犯罪的，最高人民法院确认罪犯有其他犯罪，依法应当追诉的，应当裁定不予核准死刑，撤销原判，发回重新审判；（2）共同犯罪的其他犯罪嫌疑人到案，可能影响罪犯量刑的；（3）共同犯罪的其他罪犯被暂停或者停止执行死刑，可能影响罪犯量刑的；（4）判决、裁定可能有影响定罪量刑的其他错误的。

☞ **相关法条**

《高法解释》第 499~504 条

☆☆ 第二百六十三条 【死刑的执行程序】 人民法院在交付执行死刑前，应当通知同级人民检察院派员临场监督。

死刑采用枪决或者注射等方法执行。

死刑可以在刑场或者指定的羁押场所内执行。

指挥执行的审判人员，对罪犯应当验明正身，讯问有无遗言、信札，然后交付执行人员执行死刑。在执行前，如果发现可能有错误，应当暂停执行，报请最高人民法院裁定。

执行死刑应当公布，不应示众。

执行死刑后，在场书记员应当写成笔录。交付执行的人民法院应当将执行死刑情况报告最高人民法院。

执行死刑后，交付执行的人民法院应当通知罪犯家属。

注释

死刑采用枪决或者注射等方法执行。“等方法”是指也可以采用其他文明、人道的死刑执行方法。采用枪决、注射以外的其他方法执行死刑的，应当事先层报最高人民法院批准。

☆☆ 第二百六十四条 【死刑缓期二年执行、无期徒刑、有期徒刑、拘役的执行程序】 罪犯被交付执行刑罚的时候，应当由交付执行的人民法院在判决生效后十日以内将有关的法律文书送达公安机关、监狱或者其他执行机关。

对被判处死刑缓期二年执行、无期徒刑、有期徒刑的罪犯，由公安机关依法将该罪犯送交监狱执行刑罚。对被判处有期徒刑的罪犯，在被交付执行刑罚前，剩余刑期在三个月以下的，由看守所代为执行。对被判处拘役的罪犯，由公安机关执行。

对未成年犯应当在未成年犯管教所执行刑罚。

执行机关应当将罪犯及时收押，并且通知罪犯家属。

判处有期徒刑、拘役的罪犯，执行期满，应当由执行机关发给释放证明书。

☞ **相关法条**

《高法解释》第511、512条

《公安部规定》第300~304条

☆☆ 第二百六十五条　【暂予监外执行的法定情形和决定程序】 对被判处有期徒刑或者拘役的罪犯，有下列情形之一的，可以暂予监外执行：

（一）有严重疾病需要保外就医的；

（二）怀孕或者正在哺乳自己婴儿的妇女；

（三）生活不能自理，适用暂予监外执行不致危害社会的。

对被判处无期徒刑的罪犯，有前款第二项规定情形的，可以暂予监外执行。

对适用保外就医可能有社会危险性的罪犯，或者自伤自残的罪犯，不得保外就医。

对罪犯确有严重疾病，必须保外就医的，由省级人民政府指定的医院诊断并开具证明文件。

在交付执行前，暂予监外执行由交付执行的人民法院决定；在交付执行后，暂予监外执行由监狱或者看守所提出书面意见，报省级以上监狱管理机关或者设区的市一级以上公安机关批准。

注释

被判处无期徒刑的罪犯罪行比较严重，具有一定的社会危险性，但如果是怀孕或者正在哺乳自己婴儿的妇女，出于人道主义考虑，也不适宜收监服刑。在综合衡量其社会危害性后，可以适用暂予监外执行。在哺乳期结束后，应当予以收监。

☞ **相关法条**

《六机关规定》第33条

第二百六十六条　【检察院对暂予监外执行的监督】 监狱、看守所提出暂予监外执行的书面意见的，应当将书面意见的副本抄送人民检察院。人民检察院可以向决定或者批准机关提出书面意见。

★ **第二百六十七条　【对暂予监外执行的重新核查】**决定或者批准暂予监外执行的机关应当将暂予监外执行决定抄送人民检察院。人民检察院认为暂予监外执行不当的，应当自接到通知之日起一个月以内将书面意见送交决定或者批准暂予监外执行的机关，决定或者批准暂予监外执行的机关接到人民检察院的书面意见后，应当立即对该决定进行重新核查。

☆ **第二百六十八条　【暂予监外执行的收监、不计入执行刑期的情形及罪犯死亡的通知】**对暂予监外执行的罪犯，有下列情形之一的，应当及时收监：

（一）发现不符合暂予监外执行条件的；

（二）严重违反有关暂予监外执行监督管理规定的；

（三）暂予监外执行的情形消失后，罪犯刑期未满的。

对于人民法院决定暂予监外执行的罪犯应当予以收监的，由人民法院作出决定，将有关的法律文书送达公安机关、监狱或者其他执行机关。

不符合暂予监外执行条件的罪犯通过贿赂等非法手段被暂予监外执行的，在监外执行的期间不计入执行刑期。罪犯在暂予监外执行期间脱逃的，脱逃的期间不计入执行刑期。

罪犯在暂予监外执行期间死亡的，执行机关应当及时通知监狱或者看守所。

☞ **相关法条**

《六机关规定》第 34 条

《高法解释》第 516、517 条

☆☆ 第二百六十九条　【对管制、缓刑、假释或暂予监外执行罪犯的社区矫正】 对被判处管制、宣告缓刑、假释或者暂予监外执行的罪犯，依法实行社区矫正，由社区矫正机构负责执行。

注释

司法所承担社区矫正的日常工作，应当为社区矫正人员确定专门的矫正小组，并制订矫正方案，在对社区矫正人员被判处的刑罚种类、犯罪情况、悔罪表现、个性特征和生活环境等情况进行综合评估的基础上，制定有针对性的监管、教育和帮助措施。

☞ **相关法条**

《高法解释》第 519 条

☆ 第二百七十条　【剥夺政治权利的执行】 对被判处剥夺政治权利的罪犯，由公安机关执行。执行期满，应当由执行机关书面通知本人及其所在单位、居住地基层组织。

☞ **相关法条**

《高法解释》第 520 条

《公安部规定》第 311~314 条

☆☆ **第二百七十一条** 【罚金的执行】被判处罚金的罪犯，期满不缴纳的，人民法院应当强制缴纳；如果由于遭遇不能抗拒的灾祸等原因缴纳确实有困难的，经人民法院裁定，可以延期缴纳、酌情减少或者免除。

注释

从人道主义出发，由于遭遇不能抗拒的灾祸等原因缴纳确实有困难的，被执行人可申请减少或者免除罚金。被执行人应当提交相关证明材料，人民法院应当在收到申请后 1 个月内作出裁定。符合法定减免条件的，应当准许；不符合条件的，驳回申请。

☞ **相关法条**

《高法解释》第 523~525 条

★★ **第二百七十二条** 【没收财产的执行】没收财产的判决，无论附加适用或者独立适用，都由人民法院执行；在必要的时候，可以会同公安机关执行。

☞ **相关法条**

《高法解释》第 522、527~532 条

★ **第二百七十三条 【对新罪、漏罪的处理及减刑、假释的程序】** 罪犯在服刑期间又犯罪的，或者发现了判决的时候所没有发现的罪行，由执行机关移送人民检察院处理。

被判处管制、拘役、有期徒刑或者无期徒刑的罪犯，在执行期间确有悔改或者立功表现，应当依法予以减刑、假释的时候，由执行机关提出建议书，报请人民法院审核裁定，并将建议书副本抄送人民检察院。人民检察院可以向人民法院提出书面意见。

☞ **相关法条**

《高法解释》第 533~541 条

《公安部规定》第 305、306、315、316 条

★★ **第二百七十四条 【检察院对减刑、假释的监督】** 人民检察院认为人民法院减刑、假释的裁定不当，应当在收到裁定书副本后二十日以内，向人民法院提出书面纠正意见。人民法院应当在收到纠正意见后一个月以内重新组成合议庭进行审理，作出最终裁定。

☞ **相关法条**

《高检规则》第635~641条

★ **第二百七十五条 【刑罚执行中对判决错误和申诉的处理】**监狱和其他执行机关在刑罚执行中，如果认为判决有错误或者罪犯提出申诉，应当转请人民检察院或者原判人民法院处理。

注释

监狱在执行刑罚过程中，根据罪犯的申诉，认为判决可能有错误的，应当提请人民检察院或者人民法院处理，人民检察院或者人民法院应当自收到监狱提请处理意见书之日起6个月内将处理结果通知监狱。监狱和其他执行机关在刑罚执行中，认为判决有错误的，也应当转请人民检察院或者原判人民法院处理。

第二百七十六条 【检察院对执行刑罚的监督】人民检察院对执行机关执行刑罚的活动是否合法实行监督。如果发现有违法的情况，应当通知执行机关纠正。

☞ **相关法条**

《高检规则》第626~628、629条

▶▶小测试◀◀①

1. 人民法院判决被告人无罪、免除刑事处罚的，如果被告人在押，应当立即释放。(　　)
2. 罪犯在服刑期间又犯罪的，或者发现了判决的时候所没有发现的罪行，由执行机关移送人民检察院处理。(　　)
3. 对被判处管制、宣告缓刑、假释或者暂予监外执行的罪犯，依法实行社区矫正，由（　　）负责执行。

   A. 社区　　B. 社区矫正机构

   C. 人民法院　　D. 街道办事处
4. 被判处（　　）的罪犯，在执行期间确有悔改或者立功表现，应当依法予以减刑、假释的时候，由执行机关提出建议书，报请人民法院审核裁定，并将建议书副本抄送人民检察院。

   A. 管制　　B. 拘役

   C. 有期徒刑　　D. 无期徒刑

① 【答案】1. ×，解析：《刑事诉讼法》第 260 条。2. √。3. B。4. ABCD。

第五编 特别程序

第一章 未成年人刑事案件诉讼程序

★★ **第二百七十七条 【对未成年人刑事案件的办案方针、原则及总体要求】** 对犯罪的未成年人实行教育、感化、挽救的方针，坚持教育为主、惩罚为辅的原则。

人民法院、人民检察院和公安机关办理未成年人刑事案件，应当保障未成年人行使其诉讼权利，保障未成年人得到法律帮助，并由熟悉未成年人身心特点的审判人员、检察人员、侦查人员承办。

☞ **相关法条**

《未成年人保护法》第113、114条

《预防未成年人犯罪法》第44~45条

《刑法》第17条

《高法解释》第549条

注 释

未成年人群体的特殊性决定了未成年人刑事司法的特殊性。未成年人犯罪，更深层次原因在于学校、家庭、社会等多方面的责任，在刑事诉讼中应当更加凸显国家对未成年人的保护职责。

★★ 第二百七十八条 【法律援助机构指派辩护律师】未成年犯罪嫌疑人、被告人没有委托辩护人的，人民法院、人民检察院、公安机关应当通知法律援助机构指派律师为其提供辩护。

☞ **相关法条**

《高法解释》第 565 条

★★ 第二百七十九条 【对未成年犯罪嫌疑人、被告人有关情况的调查】公安机关、人民检察院、人民法院办理未成年人刑事案件，根据情况可以对未成年犯罪嫌疑人、被告人的成长经历、犯罪原因、监护教育等情况进行调查。

☞ **相关法条**

《高法解释》第 568 条

★★★ 第二百八十条 【严格限制适用逮捕措施】【与成年人分别关押、管理和教育】对未成年犯罪嫌疑人、被告人应当严格限制适用逮捕措施。人民检察院审查批准逮捕和人民法院决定逮捕，应当讯问未成年犯罪嫌疑人、被告人，听取辩护律师的意见。

对被拘留、逮捕和执行刑罚的未成年人与成年人应当分别关押、分别管理、分别教育。

注释

对于罪行比较严重，但主观恶性不大，有悔罪表现，具备有效监护条件或者社会帮教措施，具有下列情形之一，不逮捕不致妨害诉讼正常进行的未成年犯罪嫌疑人，可以不批准逮捕：（1）初次犯罪、过失犯罪的；（2）犯罪预备、中止、未遂的；（3）有自首或者立功表现的；（4）犯罪后如实交代罪行，真诚悔罪，积极退赃，尽力减少和赔偿损失，被害人谅解的；（5）不属于共同犯罪的主犯或者集团犯罪中的首要分子的；（6）属于已满 14 周岁不满 16 周岁的未成年人或者系在校学生的；（7）其他可以不批准逮捕的情形。

☞ 相关法条

《高检规则》第 462、463 条

☆☆ **第二百八十一条　【讯问、审判、询问未成年诉讼参与人的特别规定】** 对于未成年人刑事案件，在讯问和审判的时候，应当通知未成年犯罪嫌疑人、被告人的法定代理人到场。无法通知、法定代理人不能到场或者法定代理人是共犯的，也可以通知未成年犯罪嫌疑人、被告人的其他成年亲属，所在学校、单位、居住地基层组织或者未成年人保护组织的代表到场，并将有关情况记录在案。到场的法定代理人可以代为行使未成年犯罪嫌疑人、被告人的诉讼权利。

到场的法定代理人或者其他人员认为办案人员在讯问、审判中侵犯未成年人合法权益的，可以提出意见。讯问笔录、法庭笔录应当交给到场的法定代理人或者其他人员阅读或者向他宣读。

讯问女性未成年犯罪嫌疑人，应当有女工作人员在场。

审判未成年人刑事案件，未成年被告人最后陈述后，其法定代理人可以进行补充陈述。

询问未成年被害人、证人，适用第一款、第二款、第三款的规定。

☞ **相关法条**

《高法解释》第555、558、570条

《高检规则》第465、466条

☆☆ **第二百八十二条　【附条件不起诉的适用及异议】** 对于未成年人涉嫌刑法分则第四章、第五章、第六章规定的犯罪，可能判处一年有期徒刑以下刑罚，符合起诉条件，但有悔罪表现的，人民检察院可以作出附条件不起诉的决定。人民检察院在作出附条件不起诉的决定以前，应当听取公安机关、被害人的意见。

对附条件不起诉的决定，公安机关要求复议、提请复核或者被害人申诉的，适用本法第一百七十九条、第一百八十条的规定。

未成年犯罪嫌疑人及其法定代理人对人民检察院决定附条件不起诉有异议的，人民检察院应当作出起诉的决定。

☞ **相关法条**

《高检规则》第469~471条

☆☆ **第二百八十三条　【对附条件不起诉未成年犯罪嫌疑人的监督考察】** 在附条件不起诉的考验期内，由人民检察院对被附条件不起诉的未成年犯罪嫌疑人进行监督考察。未成年犯罪嫌疑人的监护人，应当对未成年犯罪嫌疑人加强管教，配合人民检察院做好监督考察工作。

附条件不起诉的考验期为六个月以上一年以下，从人民检察院作出附条件不起诉的决定之日起计算。

被附条件不起诉的未成年犯罪嫌疑人，应当遵守下列规定：

（一）遵守法律法规，服从监督；

（二）按照考察机关的规定报告自己的活动情况；

（三）离开所居住的市、县或者迁居，应当报经考察机关批准；

（四）按照考察机关的要求接受矫治和教育。

注释

按照考察机关的要求接受矫治和教育，主要包括：（1）完成戒瘾治疗、心理辅导或者其他适当的处遇措施；（2）向社区或者公益团体提供公益劳动；（3）不得进入特定场所，与特定的人员会见或者通信，从事特定的活动；（4）向被害人赔偿损失、赔礼道歉等；（5）接受相关教育；（6）遵守其他保护被害人安全以及预防再犯的禁止性规定。

☞ **相关法条**

《高检规则》第473~476条

☆ **第二百八十四条　【附条件不起诉的撤销与不起诉决定的作出】** 被附条件不起诉的未成年犯罪嫌疑人，在考验期内有下列情形之一的，人民检察院应当撤销附条件不起诉的决定，提起公诉：

（一）实施新的犯罪或者发现决定附条件不起诉以前还有其他犯罪需要追诉的；

（二）违反治安管理规定或者考察机关有关附条件不起诉的监督管理规定，情节严重的。

被附条件不起诉的未成年犯罪嫌疑人，在考验期内没有上述情形，考验期满的，人民检察院应当作出不起诉的决定。

☞ **相关法条**

《高检规则》第479、480、486条

☆☆ 第二百八十五条　【不公开审理及其例外】 审判的时候被告人不满十八周岁的案件，不公开审理。但是，经未成年被告人及其法定代理人同意，未成年被告人所在学校和未成年人保护组织可以派代表到场。

☞ **相关法条**

《高法解释》第557条

☆☆ 第二百八十六条　【犯罪记录封存】 犯罪的时候不满十八周岁，被判处五年有期徒刑以下刑罚的，应当对相关犯罪记录予以封存。

犯罪记录被封存的，不得向任何单位和个人提供，但司法机关为办案需要或者有关单位根据国家规定进行查询的除外。依法进行查询的单位，应当对被封存的犯罪记录的情况予以保密。

注 释

犯罪记录封存的适用条件包括两个方面：一是犯罪的时候不满18周岁。这里的年龄条件是“犯罪的时候”的年龄，即使在审判时已满18周岁，仍应封存其犯罪记录。二是被判处5年有期徒刑以下刑罚。5年有期徒刑以下刑罚也包括拘役、管制在内，被判处5年有期徒刑以下刑罚说明未成年人犯罪行为的社会危害性较小，人身危险性较低。这里规定的被封存的犯罪记录，应当包括未成年人刑事案件侦查、审查起诉、审判过程中形成的各种相关材料。封存的义务机关包括公安机关、人民检察院及人民法院。

☞ **相关法条**

《高法解释》第581条

《高检规则》第482、484、485条

第二百八十七条　【未成年刑事案件的法律适用】 办理未成年人刑事案件，除本章已有规定的以外，按照本法的其他规定进行。

第二章　当事人和解的公诉案件诉讼程序

★★ **第二百八十八条　【适用范围】** 下列公诉案件，犯罪嫌疑人、被告人真诚悔罪，通过向被害人赔偿损失、赔礼道歉等方式获得被害人谅解，被害人自愿和解的，双方当事人可以和解：

（一）因民间纠纷引起，涉嫌刑法分则第四章、第五章规定的犯罪案件，可能判处三年有期徒刑以下刑罚的；

（二）除渎职犯罪以外的可能判处七年有期徒刑以下刑罚的过失犯罪案件。

犯罪嫌疑人、被告人在五年以内曾经故意犯罪的，不适用本章规定的程序。

注释

当事人和解并非花钱买刑，不意味着犯罪嫌疑人、被告人通过赔偿就能减免刑罚，换取较宽缓的处理。和解的目的是修复被犯罪破坏的社会关系，关注加害人重新回归社会，因此要以犯罪嫌疑人、被告人真诚悔罪为前提条件。即犯罪嫌疑人、被告人发自内心地认识到了自己的犯罪行为给被害人及其亲属所造成的伤害，并为自己的行为真诚悔过。

相关法条

《高法解释》第 587、588 条

《高检规则》第 492~495 条

★★ 第二百八十九条 【对当事人和解的审查】【主持制作和解协议书】 双方当事人和解的，公安机关、人民检察院、人民法院应当听取当事人和其他有关人员的意见，对和解的自愿性、合法性进行审查，并主持制作和解协议书。

☞ **相关法条**

《高检规则》第 496~498 条

★ **第二百九十条 【对达成和解协议案件的从宽处理】** 对于达成和解协议的案件，公安机关可以向人民检察院提出从宽处理的建议。人民检察院可以向人民法院提出从宽处罚的建议；对于犯罪情节轻微，不需要判处刑罚的，可以作出不起诉的决定。人民法院可以依法对被告人从宽处罚。

☞ **相关法条**

《高法解释》第 596 条

《高检规则》第 502、503 条

第三章 缺席审判程序

★★ **第二百九十一条 【缺席审判的适用范围】** 对于贪污贿赂犯罪案件，以及需要及时进行审判，经最高人民检察院核准的严重危害国家安全犯罪、恐怖活动犯罪案件，犯罪嫌疑人、被告人在境外，监察机关、公安机关移送起诉，人民检察院认为犯罪事实已经查清，证据确实、充分，依法应当追究刑事责任的，可以向人民法院提起公诉。人民法院进行审查后，对于起诉书中有明确的指控犯罪事实，符合缺席审判程序适用条件的，应当决定开庭审判。

【缺席审判的管辖】前款案件，由犯罪地、被告人离境前居住地或者最高人民法院指定的中级人民法院组成合议庭进行审理。

注释

设立缺席审判制度，是为了针对腐败犯罪分子为逃避法律制裁而将赃款转移潜逃境外的情况。如果犯罪嫌疑人、被告人逃匿追诉，但仍在国内的，不得适用缺席审判。

第二百九十二条　【缺席审判的文书送达、开庭审理与判决处理】人民法院应当通过有关国际条约规定的或者外交途径提出的司法协助方式，或者被告人所在地法律允许的其他方式，将传票和人民检察院的起诉书副本送达被告人。传票和起诉书副本送达后，被告人未按要求到案的，人民法院应当开庭审理，依法作出判决，并对违法所得及其他涉案财产作出处理。

☆☆ **第二百九十三条　【缺席审判的辩护】**人民法院缺席审判案件，被告人有权委托辩护人，被告人的近亲属可以代为委托辩护人。被告人及其近亲属没有委托辩护人的，人民法院应当通知法律援助机构指派律师为其提供辩护。

☆☆ **第二百九十四条　【缺席审判的上诉、抗诉】**人民法院应当将判决书送达被告人及其近亲属、辩护人。被告人或者其近亲属不服判决的，有权向上一级人民法院上诉。辩护人经被告人或者其近亲属同意，可以提出上诉。

人民检察院认为人民法院的判决确有错误的，应当向上一级人民法院提出抗诉。

☆☆ **第二百九十五条　【被告人到案的处理】**在审理过程中，被告人自动投案或者被抓获的，人民法院应当重新审理。

罪犯在判决、裁定发生法律效力后到案的，人民法院应当将罪犯交付执行刑罚。交付执行刑罚前，人民法院应当告知罪犯有权对判决、裁定提出异议。罪犯对判决、裁定提出异议的，人民法院应当重新审理。

依照生效判决、裁定对罪犯的财产进行的处理确有错误的，应当予以返还、赔偿。

☆☆ **第二百九十六条　【被告人患有严重疾病时的缺席审判】** 因被告人患有严重疾病无法出庭，中止审理超过六个月，被告人仍无法出庭，被告人及其法定代理人、近亲属申请或者同意恢复审理的，人民法院可以在被告人不出庭的情况下缺席审理，依法作出判决。

☆☆ **第二百九十七条　【被告人死亡的处理】** 被告人死亡的，人民法院应当裁定终止审理，但有证据证明被告人无罪，人民法院经缺席审理确认无罪的，应当依法作出判决。

人民法院按照审判监督程序重新审判的案件，被告人死亡的，人民法院可以缺席审理，依法作出判决。

第四章　犯罪嫌疑人、被告人逃匿、死亡案件违法所得的没收程序

☆☆ **第二百九十八条　【适用范围、申请程序及保全措施】** 对于贪污贿赂犯罪、恐怖活动犯罪等重大犯罪案件，犯罪嫌疑人、被告人逃匿，在通缉一年后不能到案，或者犯罪嫌疑人、被告人死亡，依照刑法规定

应当追缴其违法所得及其他涉案财产的，人民检察院可以向人民法院提出没收违法所得的申请。

公安机关认为有前款规定情形的，应当写出没收违法所得意见书，移送人民检察院。

没收违法所得的申请应当提供与犯罪事实、违法所得相关的证据材料，并列明财产的种类、数量、所在地及查封、扣押、冻结的情况。

人民法院在必要的时候，可以查封、扣押、冻结申请没收的财产。

注释

这里"逃匿"是指犯罪嫌疑人、被告人为逃避侦查和刑事追究潜逃、隐匿，或者在刑事诉讼过程中脱逃。如果犯罪嫌疑人、被告人因意外事故下落不明满二年，或者因意外事故下落不明，经有关机关证明其不可能生存的，也依照此规定处理。"通缉"是指公安机关发布通缉令或者公安部通过国际刑警组织发布红色国际通报。

☞ 相关法条

《六机关规定》第 38 条

《高法解释》第 626 条

《高检规则》第 512~518、520~527、533 条

☆ 第二百九十九条 【对没收违法所得及其他涉案财产的审理程序】没收违法所得的申请，由犯罪地或者犯罪嫌疑人、被告人居住地的中级人民法院组成合议庭进行审理。

人民法院受理没收违法所得的申请后，应当发出公告。公告期间为六个月。犯罪嫌疑人、被告人的近亲属和其他利害关系人有权申请参加诉讼，也可以委托诉讼代理人参加诉讼。

人民法院在公告期满后对没收违法所得的申请进行审理。利害关系人参加诉讼的，人民法院应当开庭审理。

☞ **相关法条**

《高法解释》第613~620条

☆ 第三百条 【裁定的作出】人民法院经审理，对经查证属于违法所得及其他涉案财产，除依法返还被害人的以外，应当裁定予以没收；对不属于应当追缴的财产的，应当裁定驳回申请，解除查封、扣押、冻结措施。

对于人民法院依照前款规定作出的裁定，犯罪嫌疑人、被告人的近亲属和其他利害关系人或者人民检察院可以提出上诉、抗诉。

☞ **相关法条**

《六机关规定》第39条

《高法解释》第622条

★★ **第三百零一条　【本程序的终止】【没收错误的返还与赔偿】** 在审理过程中，在逃的犯罪嫌疑人、被告人自动投案或者被抓获的，人民法院应当终止审理。

没收犯罪嫌疑人、被告人财产确有错误的，应当予以返还、赔偿。

第五章　依法不负刑事责任的精神病人的强制医疗程序

★★ **第三百零二条　【强制医疗的适用范围】** 实施暴力行为，危害公共安全或者严重危害公民人身安全，经法定程序鉴定依法不负刑事责任的精神病人，有继续危害社会可能的，可以予以强制医疗。

注　释

实践中，家属或监护人往往无力承担照顾和看护精神病人的职责，尤其是对于一些实施暴力行为的精神病人疏于治疗，成为严重的社会治安问题。因此，在必要的时候，政府可对实施暴力行为的精神病人使用强制性医疗方法治疗精神疾病，以免其继续实施危害公共安全或者公民人身安全的行为。同时，也要防止将一些不需要被强制医疗的人，随意进行强制医疗。

☞ **相关法条**

《高法解释》第 630 条

★★ **第三百零三条　【强制医疗的决定程序】【临时保护性约束措施】** 根据本章规定对精神病人强制医疗的，由人民法院决定。

公安机关发现精神病人符合强制医疗条件的，应当写出强制医疗意见书，移送人民检察院。对于公安机关移送的或者在审查起诉过程中发现的精神病人符合强制医疗条件的，人民检察院应当向人民法院提出强制医疗的申请。人民法院在审理案件过程中发现被告人符合强制医疗条件的，可以作出强制医疗的决定。

对实施暴力行为的精神病人，在人民法院决定强制医疗前，公安机关可以采取临时的保护性约束措施。

☞ **相关法条**

《高法解释》第631、632条

《高检规则》第535~539条

★★ 第三百零四条 【强制医疗的审理及诉讼权利保障】 人民法院受理强制医疗的申请后，应当组成合议庭进行审理。

人民法院审理强制医疗案件，应当通知被申请人或者被告人的法定代理人到场。被申请人或者被告人没有委托诉讼代理人的，人民法院应当通知法律援助机构指派律师为其提供法律帮助。

☞ **相关法条**

《高法解释》第634~635条

★★ 第三百零五条 【强制医疗决定的作出及复议】 人民法院经审理，对于被申请人或者被告人符合强制医疗条件的，应当在一个月以内作出强制医疗的决定。

被决定强制医疗的人、被害人及其法定代理人、近亲属对强制医疗决定不服的，可以向上一级人民法院申请复议。

☞ **相关法条**

《高法解释》第642~644条

☆☆ 第三百零六条 【定期评估与强制医疗的解除程序】强制医疗机构应当定期对被强制医疗的人进行诊断评估。对于已不具有人身危险性，不需要继续强制医疗的，应当及时提出解除意见，报决定强制医疗的人民法院批准。

被强制医疗的人及其近亲属有权申请解除强制医疗。

☞ **相关法条**

《高法解释》第645~647条

★★ 第三百零七条 【检察院对强制医疗程序的监督】人民检察院对强制医疗的决定和执行实行监督。

☞ **相关法条**

《高法解释》第648条

▶▶小测试◀◀①

1. 未成年犯罪嫌疑人、被告人没有委托辩护人的，人民法院、人民检察院、公安机关应当通知法律援助机构指派律师为其提供辩护。（ ）

2. 被告人死亡的，人民法院应当裁定终止审理，但有证据证明被告人无罪，人民法院经缺席审理确认无罪的，应当依法作

① 【答案】1. √。2. √。3. B。4. AC。5. 贪污贿赂犯罪；恐怖活动犯罪。

出判决。（　　）

3. 双方当事人和解的，公安机关、人民检察院、人民法院应当听取当事人和其他有关人员的意见，对和解的自愿性、合法性进行（　　），并主持制作和解协议书。

A. 检查　　B. 审查

C. 督查　　D. 监察

4. 对于（　　）的精神病人符合强制医疗条件的，人民检察院应当向人民法院提出强制医疗的申请。

A. 公安机关移送

B. 公安机关抓捕

C. 在审查起诉过程中发现

D. 监察机关移送

5. 对于________、________等重大犯罪案件，犯罪嫌疑人、被告人逃匿，在通缉一年后不能到案，或者犯罪嫌疑人、被告人死亡，依照刑法规定应当追缴其违法所得及其他涉案财产的，人民检察院可以向人民法院提出没收违法所得的申请。

附　　则

第三百零八条　【军队保卫部门、中国海警局、监狱的侦查权】 军队保卫部门对军队内部发生的刑事案件行使侦查权。

中国海警局履行海上维权执法职责，对海上发生的刑事案件行使侦查权。

☞ **相关法条**

《海上刑事案件管辖通知》

对罪犯在监狱内犯罪的案件由监狱进行侦查。

军队保卫部门、中国海警局、监狱办理刑事案件，适用本法的有关规定。

附录　实用图表

侦查羁押的期限			
	时限	情形	批准机关
基本规定	2个月		
延长	延长1个月	复杂、期限届满不能终结	上一级人民检察院
延长	延长2个月	“四类案件”： ①交通十分不便的边远地区的重大复杂案件； ②重大的犯罪集团案件； ③流窜作案的重大复杂案件； ④犯罪涉及面广，取证困难的重大复杂案件。	省、自治区、直辖市人民检察院
延长	延长2个月	犯罪嫌疑人可能判处10年有期徒刑以上刑罚，依照上述规定延长期限届满，仍不能侦查终结。	省、自治区、直辖市人民检察院
特殊情形	在较长时间内不宜交付审判的案件。		最高人民检察院报请全国人民代表大会常务委员会批准延期审理

辩护律师在刑事诉讼程序各阶段的权利	
侦查阶段	接受委托、担任辩护人，提供法律帮助、代理申诉、控告的权利；申请变更强制措施、向侦查机关了解涉嫌罪名和案情的权利。 会见的权利——犯罪嫌疑人被侦查机关第一次讯问或者采取强制措施之日起，受委托的律师凭律师执业证书、律师事务所证明和委托书或者法律援助公函，有权会见犯罪嫌疑人，并不被监听。看守所应当及时安排，至迟不得超过48小时。 危害国家安全犯罪、恐怖活动犯罪，在侦查期间辩护律师会见在押的犯罪嫌疑人，应当经侦查机关许可。上述案件，侦查机关应当事先通知看守所。 拒绝委托的权利——若委托事项违法，或者委托人利用律师提供的服务从事违法活动，委托人故意隐瞒与案件有关的重要事实，提供法律帮助的律师可以拒绝委托。
审查起诉阶段	阅卷权——受委托的律师自案件审查起诉之日起，有权查阅、摘抄和复制本案案卷材料。 会见通信权——辩护律师会见在押的犯罪嫌疑人，可以了解案件有关情况，提供法律咨询等；自案件移送审查起诉之日起，可以向犯罪嫌疑人核实有关证据。 申请取保候审和解除超期强制措施的权利。 调查取证权——受委托的律师根据案情的需要，可以申请人民检察院、人民法院收集、调取证据。律师也可以凭律师执业证书和律师事务所的证明，自行调查取证。

审判阶段	阅卷权——辩护律师有权查阅、摘抄和复制本案案卷材料。 会见通信权——辩护律师会见在押的被告人，并可以向其核实有关证据。 申请取保候审和解除超期强制措施的权利。 调查取证权——受委托的律师根据案情的需要，可以申请人民法院通知证人出庭作证。 质证权和辩论权。 经被告人同意可以行使上诉权。

ISBN 978-7-5216-2333-8

9 787521 623338 >

定价：25.00 元

图书在版编目（CIP）数据

中华人民共和国刑事诉讼法：大字学习版 / 中国法制出版社编．—北京：中国法制出版社，2022.1

（法律法规大字学习版）

ISBN 978-7-5216-2333-8

Ⅰ.①中… Ⅱ.①中… Ⅲ.①刑事诉讼法-中国 Ⅳ.①D925.2

中国版本图书馆 CIP 数据核字（2021）第 256403 号

责任编辑：李连宇　　　　封面设计：李　宁

中华人民共和国刑事诉讼法：大字学习版

ZHONGHUA RENMIN GONGHEGUO XINGSHI SUSONGFA：DAZI XUEXIBAN

编者/中国法制出版社

经销/新华书店

印刷/三河市国英印务有限公司

开本/880 毫米×1230 毫米　32 开　　　　印张/ 6　字数/ 113 千

版次/2022 年 1 月第 1 版　　　　2022 年 1 月第 1 次印刷

中国法制出版社出版

书号 ISBN 978-7-5216-2333-8　　　　定价：25.00 元

北京市西城区西便门西里甲 16 号西便门办公区

邮政编码：100053　　　　传真：010-63141852

网址：http：//www.zgfzs.com　　　　**编辑部电话：010-63141813**

市场营销部电话：010-63141612　　　　**印务部电话：010-63141606**